Inner Peace Leads to a Blissful Life

平安最幸福

釋果暉／著

自序

記得二〇二一年一月舉行的法鼓山年度專職歲末感恩會中，齊聚於北投雲來寺的二百多位專職菩薩以及幾位會團長代表等，以各自的手機將心目中的年度代表字，投放到大螢幕上，那次選出的年度代表字為「安」字。至二〇二二年一月，同一活動，雖也出現「順利」、「福慧」等年度代表字，但「平安」二字，仍獲得了絕對多數的共鳴。據此亦可反映，全球疫情持續進入第三年，各地人心動盪不安，能夠讓每個人都獲得平安、健康，乃至生活、家庭、工作等各方面的平安，仍是當今人心普遍的祈求。

二〇二〇年二月下旬，新冠肺炎疫情迅速傳播到全球各地。法鼓山則在一月下旬的春節活動後，宣布從二月份起，暫停一切對外實體弘化活動。另從三月起，每週日於法鼓山祈願觀音殿，舉辦連續十場的線上「心安平安祈福法會」，並於五月十日，在大殿舉行三時繫念佛事法會，做為總迴向。由於疫情未止，故本書也有不少篇內容，呈現了不同時機為全球祈福迴向，或為社會大眾期勉關懷的內容。

全書收錄了我自二〇一八年九月擔任方丈以來，至二〇二二年二月期間，對內、對外等多類型致詞談話，如各年度的除夕撞鐘祈福、新春祝福，感念創辦人聖嚴師父教澤的傳燈法會、感謝護法信眾的歲末感恩分享會，及佛化祝壽等為大眾祝福、關懷的內容。此外，也包括數次的會團關懷、電台專訪，以及在「自我超越禪修營」的勉勵等。

值得一提的是，二〇二〇年一月開始，由法鼓山文化中心策畫系列線上節目，由義工菩薩們提問，我則隨緣作答；前後兩次錄影，共完成十七集節目，名為《與方丈和尚有約》。這次體驗滿特別的，我雖事先看過題目，但並沒有特別設想如何回應，而採取完全不備講稿的隨緣開示；也可以說，是給我與義工菩薩們切磋法義的機會，使我受益匪淺。節目內容後來整理成文，陸續發表於《法鼓》雜誌，今也收於本書之中。

本書共分為四篇內容，各篇內容大要如下：

〈第一篇〉信願共行得平安

所謂：「佛法大海，信為能入，智為能度。」正信佛、法、僧三寶，能讓人從信仰獲得真正的平安。佛法告訴我們，要相信「有願必成」，而利他的願力更是不可思議。因此，對三寶能起信心的人有平安，發大願心的人也必得平安，而身體力行、實踐佛法的人則更有平安。

〈第二篇〉心靈環保有平安

聖嚴師父指出：「如何能夠平安？首先是心要能安定，才能得平安。」師父畢生提倡「心靈環保」運動，以救人心、救世界，並呼籲：「從我們自己的內心開始做起，讓自己健康、快樂、平安、幸福，也讓他人健康、快樂、平安、幸福；這就是自利利他，便是心靈環保。」

〈第三篇〉時時鍊心最平安

本篇介紹鍊心的觀念和常用的安心方法。聖嚴師父常說「心安就有平安」，安心從自己做起，是最容易，也最可靠的。佛法譬喻「三界如火宅」，然而師父也告訴我們：「在火宅中我們仍然要有慈悲心及智慧心，至少在心裡就會有安全感了，就會遠離恐懼。」也就是「以慈悲對待人，以智慧處理事」、「慈悲沒有敵人，智慧不起煩惱」，再配合安心、鍊心的方法，即可體驗到內在的平安，因此獲得平安，並非難事。

〈第四篇〉廣結善緣好平安

「布施的人有福，行善的人快樂。」這兩句話，出自師父題寫的〈四眾佛子共勉語〉。意思是說，為了奉獻我們不斷地學習，使自己成長、提昇；而學習、成長的目的，是要利他——這是人生真正的幸福，也為自己、為他人帶來最美好的平安。如能更進一步，眾志成城，集合眾人之力，成就利他的事業，造福更多的人，這是人生最快樂的事。

本書第二篇多為刊登於《法鼓》雜誌的各年度主題關懷文稿，其他各篇則出自於「方丈和尚清涼語」專欄及法會、活動等相關開示報導。此外，還有數文刊載於法鼓山《榮譽董事會電子報》、《護法季刊》和《法行會訊》

等，今一併彙集成書，請讀者指教。

本書各篇內容，除了我重新加以修刪之外，要特別感謝多位法鼓文化同仁協助為本書分篇、訂標題、潤稿等各項工作。僅以本書出版功德，迴向人人平安健康、家庭和樂、社會和諧，並祈疫情早日清除，世界和平人安樂，一切眾生免難有幸福。

釋果暉

二〇二二年二月二十六日

於法鼓山方丈寮

目錄

第二篇——

心靈環保有平安

第三篇——

時時鍊心 最平安

第四篇——

廣結善緣好平安

第一篇

信願共行
得平安

翻轉煩惱為菩提

我們學佛的目的，是為了自覺覺他。而在今日瞬息萬變的時代，為了了解社會的脈動，我們必須關注時事，但關注的同時，也需要運用佛法來安身、安心。

打佛法預防針

從電視或是網路媒體所見，不但信息龐大，有許多內容甚至是助長貪、瞋、癡等習氣。預防外在物質環境的病毒，需要打生理的疫苗，而預防內在心靈環境的病毒，我們更要給自己打心理的預防針，也就是透過佛法的觀念和方法，來保護自己不受外在環境的影響。

最好的方法，就是保持規律的作息與修行的定課。我自己即是每天晨起打坐半小時至一小時，每天睡前拜佛三百拜。長期下來，對身心的安定很有幫助，不但不會輕易受到社會紛雜訊息所影響，也能感受到佛法的實用及好處。

以正知見轉顛倒見

有佛法可聞、有佛法可修，實在是難能可貴、非常幸福的事。全世界有超過七十億的人口，但是知道佛法、運用佛法的人還是少數，而每天網路訊息所報導的內容，多數是讓人起心動念，與戒、定、慧不相應，從佛法的觀點來講，叫作世間顛倒。

眾生的煩惱，起於世間的顛倒見。當我們從世間的顛倒見，翻轉為佛法的正知見，當下即能從煩惱困境中得到轉化、出離、解脫。因此，我們不但要用佛法保護自己，更要進一步發菩提心、行菩薩道，幫助人們將顛倒的觀念轉變過來，這可說是學佛修行的目的。也就是說，學佛不僅是為了利己，更是為了利他。

除了日常定課之外，對佛法所說的因果、因緣，也要有正確的認識。知見與修持並進，我們心念的思維與身體的行動，就能時時刻刻和佛法相應，如此一來，對修持佛法的信心以及度眾生的悲願心，就會一天天地增長，進一步付出更多利他的行動，踏踏實實走在菩薩道上。

菩提心為先

數十年來，在聖嚴師父座下接受教法，對我來說，最受用的是菩提心和菩薩道。正如師父所寫的〈菩薩行〉法偈，起始二句便是：「如何成佛道？菩提心為先。」接著再問：「何謂菩提心？利他為第一。」

從知苦發菩提心

所謂的菩提心，就是我們活著一天，只要還有一口呼吸在，就要想到如何利益他人。利他，與學問、知識、專業沒有絕對的關聯，而是面對任何事，優先想到利益對方。因此，發菩提心並不難，但它有學習的次第。

記得幾年前，有段期間我常到重慶南路逛書店，中午則至臺北火車站前一家小素食館用餐，常會點上一盅清涼又入味的燉苦瓜湯，似乎是這輩子喝過最美味的苦瓜湯。而佛法的修行，也是從苦的品嘗開始的。

首先，要能知苦、感受到苦。佛法告訴我們，苦是最好的良藥，我們所經驗的感受，無論是苦與樂，他人同樣可以體驗到。當我們看到他人深受煩惱之苦，感同身受的同情、同理心油然生起，希望對方遠離苦厄。這種同情、同理的心理經驗，儒家稱為「惻隱之心，人皆有之」；以佛法來講，這是最基礎的菩提心。

佛法提出離苦的兩種路徑：一是起大悲心，幫助他人離開痛苦煩惱；一是靠自己覺悟，以智慧讓自己遠離煩惱之苦。以覺悟智慧讓自己離苦，和以慈悲幫助他人離苦，這兩種路徑，可說是殊途同歸，最終都會匯流於自覺覺他的菩薩道，叫作「發菩提心」，又稱為「起大悲心」，可以說佛法的慈悲、智慧與一切功德，全部涵蓋於菩提心之中。

學習發菩提心，不分大事小事、難事易事，事事皆可以利益他人。例如五代的永明延壽禪師，每天力行一〇八件善事，為何他有那麼多善事可做？其實就是「勿以善小而不為，勿以惡小而為之」。所謂「菩薩畏因，眾生畏果」，我們就怕自己的因地不真，果招紆曲。只要是真誠地關懷人、幫助人，必能感得護法龍天及諸佛菩薩的護念，使我們的道心更堅固，即使遇到挫折，也能用佛法轉化、消融，提醒自己再回到初發心。

利他最能利己

我們在修學佛法的過程中，若能經常想到成就他人，往往自己的成長是最快的，原因有三：

第一，我們之所以有煩惱，常常是因自己有時間煩惱。若是為了利他而忙得不可開交之時，應該沒有時間考慮到自己。因為眾生需要幫助的地方太多，為了提供種種的協助，我們需要學習的很多，一邊學習，一邊奉獻，根本沒有時間自尋煩惱。

第二，修菩薩道，是為了斷無盡的無明煩惱，斷一分煩惱，即產生一分智慧。我們在幫助他人之中，可以觀察到眾人產生種種無明煩惱的因果、因緣關係；其實類似的問題，也可能會發生在自己身上，馬上可引以為鑑並自我警惕。由於我們已知道產生煩惱的原因，就能做出有智慧的抉擇，避免重蹈覆轍，讓自己的煩惱斷得更多、更快。

第三，發起菩提心，首先要轉化自己，才有能力幫助他人。世間人常是向外攀緣，菩提心則是向內觀照。《六祖壇經》的〈無相頌〉說：「若真修道人，不見世間過。若見他人非，自非卻是左。」一般人遇到不順心的處境，動輒咎責他人或環境因素，修行人則是向內觀照，學習佛的慈悲與智慧，漸次開發無限深廣、無限清淨的內心世界。

因此，聖嚴師父鼓勵我們要發菩提心、行菩薩道，以成就他人來成長自己。事實上，在利他的過程中，慈悲與智慧，就在這利人利己不可分的一體兩面中，一起成長了。

隨緣努力，與空相應

我們每天的生活，都是透過眼、耳、鼻、舌、身五種感官與外境接觸，有時在腦海中留下深刻印象，有時從內心生起種種感受，這是每個人很直接、很真實的生活經驗，就好像照出來的相片一樣真實。只是有些人不懂，或是不願去正視內外的種種現象，僅是暫時存在的事實，而被外相與自心中的殘影欺騙了；由於執著，導致大大小小的各類煩惱及問題叢生。

因果分明和因緣性空

因此，修學佛法，有兩個重要觀念需要認識：一個是要因果分明，一個是觀因緣性空。因果不離因緣，卻不能偏執一端。如果只講因果而不講因緣，往往會在相上執著，落入人天善法。如同〈永嘉證道歌〉所云：「仰箭射虛空，勢力盡，箭還墜。」等到福報享盡，仍將流轉於六道途中。如果只講因緣而不講因果，則會流於頑空。

因果是生滅法，從追究生滅法的深處，則可見到不生不滅的空性，那就是因緣法的實相。有大智慧的人，往往能從一句佛法，直接證悟因緣法的自性本空；一般人則還是要先從因果分明著手，再透過收心、攝心的方法，逐步深入體驗因緣法的空性，學佛修行才能踏實、穩當。

法住法位

因果不虛，法住法位。基本上，種什麼因就有什麼果，卻也不是絕對的，因為還需要有種種「緣」的條件才能夠成就。而因緣，一定是眾多因素的匯集所生，只要其中一個因素改變，結果便不同。因此，要隨緣努力，更要與空相應。空的意思，是要空掉對自我中心的執著，那就不會自尋煩惱。
因果不虛，因此要能夠把握因緣，全力以赴。

改變自己的心

「信、願、行」或「信、解、行、證」，是我們修學佛法的次第，也就是透過信解佛法、發願利他，進而修菩薩行，並親證佛法的慈悲與智慧等四個階段。

發起信心

成為佛教徒的第一步是受三皈五戒，以身、口二業的持戒行為來規範自己，這是「信」的階段，由此建立信仰，並發起信心。在此階段之上修學解、行。而從佛法的修學當中，有體驗與心得，就是一種證；並不是說證得阿羅漢果才是證。

受菩薩戒，則是由第一個階段的「信心」跨入第二階段的「願心」，修學的重點，在發菩提心，以身、口、意三儀的行為來自利利他，此為「願」的階段；從身、口二儀的持守，進一步到對意念的修持。菩薩的誓願，是「斷一切惡、修一切善、度一切眾生」；修行菩薩道，就是在我們所處的世界國土中，發起想要成就眾生的心，也就是佛經上講的「嚴土熟生」。聲聞行者，偏修自利的戒、定、慧三學；受菩薩戒，則是為了行菩薩道，因此在三學的基礎上，要更進一步修行自利利他的六度萬行。

清淨自心

心念的修持是最難的，我們可以透過身儀、口儀的練習，漸漸影響並開展自己的內心。透過唱誦發願、懺悔拜懺，就是淨化身、口二儀的方法。如參加共修，聆聽法師的開示，以佛法改變我們的觀念，清淨我們的心念，即是修學心儀。

菩薩戒的戒文中說：「惡事向自己，好事與他人。」一般人常常將問題歸罪於他人的過錯，而不是自己。但是我們發願修學菩薩道，心一定是向內觀的，心常常向內看，就很容易發現佛法的慈悲和智慧。我們要轉世間的顛倒見，首先要轉自己的心念，把自己的心念轉過來之後，就有能力來幫助他人，改善社會。

四種「信」的修行層次

小時候，最怕黑暗的地方，特別是晚上要走過黑暗的角落。媽媽也曾帶我到村上的廟，向王爺公求香灰，泡開水喝。當祖父重病時，則看過家人請了乩童扶著鸞台的木頭端，在鋪滿米糠的圓形竹篩上寫出藥方……。因此之故，童稚時期的我，「相信」冥冥中有一股看不見的力量——鬼、神的存在。

小學畢業前，我開始騎著腳踏車，獨自一人摸黑前往三、四公里外的鎮上補習，也同著大家「相信」要好好讀書，人生才有前途。到了初中時，有兩位同班同學意外往生，一人游泳溺斃，另一人喝農藥自殺。我雖然過著幾乎是為考試而背書的日子，但趴在書桌上的午休時刻，仍會不自覺地「思索」書本上沒有教的一些問題，比如：「宇宙有多大？」「宇宙之外又是什麼？」

少年時代，也曾經想當哲學家，到深山裡好好「思考」人生的問題。大學初期，曾經沉浸於校園團契社團，一種充滿希望與愛心的氛圍中，但看到《聖經》裡寫著「信者得永生，不信者不得救」時，便開始對基督教的信仰起了懷疑。直到閱讀了林世敏老師寫的《佛教的精神與特色》一書，則改變了我的這一生，從此「相信」──宇宙人生無非是因果與因緣的依存關係。若要改變善惡因果，就要努力、要發願、要付諸於行動；若要獲得人生的自在，則需實證因緣性空，這也同樣要努力、要發願、要付諸於行動。

迷信、仰信、解信、證信

什麼是信?是相信、信任，比如儒家講：「民無信不立。」《華嚴經》也說：「信為道元功德母，長養一切諸善法。」《法句經》說：「莫輕小惡，以為無殃，水滴雖微，漸盈大器，凡罪充滿，從小積成；莫輕小善，以為無福，水滴雖微，漸盈大器，凡福充滿，從纖纖積。」佛法將「信」分為迷信、仰信、解信（正信）與證信。迷信，猶如在歧途中迷路；仰信，就像遇見貴人指點方向；解信，是看到去路的地圖；證信，則是走到了目的地。

一般的民間信仰，可說位於「迷信」的層次，雖相信舉頭三尺有神明，也有勸人為善去惡的效果，但多出於一時的敬畏與私利，無法真正做到人品的提昇與人格的成長。「仰信」，雖是佛教與其他各大宗教共通的基本功能，所謂「精誠所至，金石為開」，只要相信，就會產生力量，但沒有究竟知道信仰背後的道理何在。《大智度論》云：「佛法大海，信為能入，智為能度。」佛教雖然也肯定「仰信」的功能，但更重視「正信」，因正確地了解——「解信」，而有正知、正見，並透過正行而實踐、體驗「證信」。

因此印度佛教，教人以親近善知識、聽聞正法、如理思惟、法隨法行，以「四不壞信」（對佛、法、僧三寶以及聖戒的堅固信心）而證入聖果。如三十七道品之中的五根與五力，基礎階段有「信根」與「信力」。大乘佛法的修行，則要在十信位的信心修成之後，才真正進入三大阿僧祇劫的菩薩道修行；漢傳禪法也將大信心置於修行的首位。

身為佛弟子，一定要相信因果法及因緣法，無論從個人修持的角度或是對整體世界環境的影響，任何一言一行，雖是小惡，能如星星之火，足以燎原；雖是小善，能由一人的心清淨，影響多人心清淨，進而使人間、社會清淨。修行的基礎，便是透過止惡行善，逐漸讓內心安定、清淨，進而開啟每個人的慈悲心、智慧心。如果有更多的人來建立起這樣的善信、發出善願，並且響應善行的話，整體社會人心就會跟著淨化。

步上旅途，或在迷途中遇人指點方向，或是自己看到了去路的地圖，但沿路仍有諸多人、事、物或是天候等變化因素，很難預料。故要走出去，須具備堅持到底的意志、願心才行，並努力實踐，才能夠真正到達目的地。比如雖然在臺北看到了到達高雄的地圖，但沒有要去高雄的意願，或是沒有動身起步，那永遠到達不了高雄。所以，在解信與證信之間，一定需要「願」力與「行」動。

信、願、行——三大修行要則

淨土法門有所謂信、願、行三個要則，其實這是任何佛法實踐的共通綱領。

什麼是願？願，是目標、方向，更是一種意志上的堅持及熱切於實踐的動能，透過行動，化不可能為可能。這是「以利人達成利己」做為處世原則的大方向，也就是以利他為第一，而把個人的得失利害放在其次，這是菩薩道最可貴的特質。我們愈是幫助他人，就愈能放下自己，愈能得到真正的平安與快樂。我們除了善盡個人的責任，把自己照顧好之外，也勸請大家都能發利人利己的好願。每個小小的願，加起來就是共同的大願；再以共同的大願，必能轉變人心，推動世界淨化。

什麼是行？行，就是去實踐，所謂布施行、持戒行、忍辱行、精進行、禪定行與智慧行，種種的六度萬行都是行。當然，參加法會或念佛、禪修、做功德迴向也是行，而最重要的是要發長遠心，每一天都在行菩薩道。每天的生活中，我們的每一念、每一言、每一行，都能利益他人、利益眾生，這才是真正的行。

禪修與信仰

有些人對禪修有興趣，但對佛教信仰卻不一定想了解。禪修和信仰的關係又是如何呢？

禪修和信仰，是彼此關聯而又相互為用的。佛教是現今世界的五大宗教之一，當然也具有一般信仰的基礎和功能。所謂的信仰，是相信有他力的救濟，而希望有求必應，這是和其他宗教信仰共通的層次。佛教當然也具有此一仰信的基本功能，但佛法強調要進一步解信、證信，這就要透過禪修才能夠體會。

自力和他力

信仰，一般重於他力的救濟；禪修，則重視自力的修行。但是所謂的他力、自力，並不能夠做絕對的劃分。例如聖嚴師父在當小沙彌時，從觀音信仰中，生起對佛法的信心，並體驗到修行的益處，因而發願要將佛法的好，讓更多人知道。又在軍中退伍前夕，因與靈源老和尚的一宿之緣，從禪修得到一個修行入處，之後再精進閉關六載，而能於世界各地指導禪修，更創立中華禪法鼓宗，矢志弘傳漢傳禪佛教。

相輔相成

在聖嚴師父的行持中，都是透過觀音信仰及禪修來自利利他。一般所謂的信仰，多半為自己而求，師父則鼓勵我們對佛菩薩的信仰、祈求、發願，不要只是為自己求，更要為眾生而求。如同一九八九年，不可思議地找到法鼓山這塊地的因緣，即是一次在農禪寺念佛會共修中，師父帶領大家持誦〈大悲咒〉而得以感應成就。信仰的願心愈是無私、愈是為大眾而求的，愈是能夠感應到佛菩薩與護法龍天的加持、加被，這是佛教信仰的功能。

真正佛教的信仰，是從「有所求」的慈悲願行，來從事於利他的事業；禪修則是以「無所求」的自心淨化，來達成無我智慧的開發。信仰重於「有」，禪修重於「無」或「空」，兩者相互為用，互為因緣。如果只重信仰而不重禪修，便與其他的宗教信仰無所差異；如果只重禪修而不重信仰，利他的心願就不會深、不會遠，甚至變成只顧追求自我成就的自私自利，那就不是正信的佛法、禪法。因此，我們一方面以信仰來利人而利己，同時透過禪修來自利而利他；以信仰心來莊嚴福德事業，以禪修行清淨自心，來開發無我的智慧。

護法龍天

佛教不認為有永恆、永生的神，但相信有應機護持三寶、護佑人間的護法善神。譬如皈依三寶的佛門弟子，隨時都有諸佛菩薩和護法龍天的護佑。不過，護法龍天和佛菩薩的福德智慧還是有別。

護法善神護持佛法

護法龍天就是護法善神，他們也像我們普通人一樣，也在修學佛法、護持佛法，但還是有自我中心的執著與煩惱，而悲智具足的佛菩薩則不會有自我中心。以大乘佛教而言，聖位的菩薩也有不同的位階，從初地至十地，甚至等覺；到了妙覺即是佛。所以，我們看佛、菩薩像大多有背光。以佛像為例，具足三十二大人相及八十種隨形好，非常莊嚴，引人仰慕、恭敬禮拜，而成為信仰的對象。

一般傳統寺院有所謂的四大天王，或是供奉韋馱、伽藍菩薩，法鼓山雖沒有特別供奉，但是韋馱、伽藍菩薩隨時都在；只要有三寶的地方，護法善神都會來親近聞法、學法、護法。

護法龍天之中，有高階的天神如大梵天，而較低階的地神，比如民間信奉的土地公，也稱福德神、土地神。進入法鼓山園區三門的溪邊公園就有座土地公廟，最初是由附近的居民蓋的，我們加以翻修後稱為山神廟，並視同為韋馱、伽藍菩薩，在三門口隨時隨地在護持法鼓山道場。

禮敬菩薩的化身

記得早期建設法鼓山時，有位研究所的學生隨著聖嚴師父勘查工程，行經土地公廟前，這位學生可能對護法神有點出言不遜，話才說完，便一腳陷入當時的水田濕泥裡，想要拔腿卻愈陷愈深。師父見狀就叫他立即向土地公懺悔，懇請「大人不計小人過」，如此才讓這位法師緩緩走出濕地。這是真實發生的經歷，也是一種感應。

護法善神雖有不同屬別，我們都把他們當成是菩薩的化身來禮敬，這樣他們會歡喜接受而來護持道場，也等於是護持大眾修行。只要是正信道場，一定都有護法龍天圍繞著佛菩薩，護持三寶、護持修行佛法的人。

祈福有平安

有人問我：「祈福真的有用嗎？」

記得小時候，媽媽偶爾會帶我到村廟拜拜求平安，然後帶一把香灰回家，和著水攪拌後，當成藥飲。像這樣的民俗療法，在半個世紀前的臺灣社會，確實曾經發揮過一定程度的影響作用。接觸佛法後，我了解向信仰對象求平安，是多數宗教共通的信仰，以虔誠心求得信仰對象的庇佑，這在佛教而言，即是心誠而感得護法善神的護佑。不過，佛法更鼓勵大家，進一步理解、思惟、實踐佛法，因為那是不同於一般宗教信仰的層次。

諸佛菩薩慈悲願力感應

正信佛教所講的因果、因緣，具有永恆性、普遍性和必然性，正信修學佛法，就有真正、究竟的平安。簡單地說，「因」是合情合理的，所得到的「果」，也是合情合理，那就必然有用。例如祈福法會，有誦經、持咒，還有念佛，即在持戒、聞法、修持。我們以正信佛教的方法修行，不僅能消融煩惱，且與諸佛菩薩的慈悲願力相應，護法善神自然會來護持我們。

聖嚴師父曾分享觀音法門的四層次：念觀音、求觀音、學觀音、做觀音。我們向觀音菩薩祈願，除了是念觀音，也是在求觀音，但目的不是為了個人求，而是為社會大眾及整體人類而求。同時，透過聞法熏習與修持佛法，我們的觀念得到改變，心念得到安定，行為也會漸漸跟著轉化，這就是修行的好處與功能。

萬法唯心造

所謂「萬法唯心造」，起心動念造就行為的善惡，我們可以透過身、口、意的淨化，提昇自己、淨化社會。修行如闇室點明燈，每個人就好像是一盞燈，如果只有自己用功，光明非常有限；共修則如許多盞燈一起點亮，燈燈輝映無盡。從個人做起，並勸請更多的人加入，共同來轉化社會的觀念與行為。因此，正信佛教的祈福是很有用的。

發心的真義

佛法講發心，是鼓勵人人發菩提心、發菩薩願。從大乘佛教立場而言，所謂的菩提心與菩薩願，都是從內心的動機來說。凡事先想到利益他人、幫助他人，而非考慮自己的得失，這就是菩薩初發心。但是發心著手的方便，必須先親自實踐、體驗佛法，才能與人分享法益影響他人。

親自品賞法味

舉例來講，當我們說蘋果是甜的，前提一定是自己品嘗過蘋果的滋味，否則任憑你如何口沫橫飛地描述，終究只是猜測與假想。修學佛法也是一樣，自己從修持佛法得到了受用、感化了自己，才能透過身心的行為來感動他人。因此，聖嚴師父在「四感」法語中提到實踐佛法的層次，依序為「感恩：使我們成長的因緣」、「感謝：給我們歷練的機會」，再來才是「感化：用佛法轉變自己」、「感動：用行為影響他人」。

行菩薩道為修學慈悲與智慧，智慧是對自己的教育，慈悲則是對他人的關懷。聖嚴師父於〈法鼓頌〉歌詞中寫道：「修福修慧，菩薩道路；提昇人品，建設淨土；修學佛法，分明因果；救濟眾生，慈航普度。」實際上即是法鼓山四眾弟子共同的菩薩願。以建設人間淨土為大願，而實踐的方法，便是修福與修慧；至於每個人的著力點，則在「修學佛法，分明因果；救濟眾生，慈航普度」。

「修學佛法，分明因果」，要建立基礎的佛法觀念，分明因果、了解因緣觀，並從聞、思、修三慧來提昇自己，增長福慧資糧。「救濟眾生，慈航普度」，則是落實佛法的關懷，有多少能力就做多少奉獻，每個人所能奉獻的或多或少，只要盡其在我，就已成就功德，不需要與他人比較。著力點是以當下的因緣來努力，並讓自己隨時安心、安穩、安定而安住於菩薩道之中。

出離心和菩提心

菩薩願包括出離心與菩提心，但更重要的是發菩提心。如果只有出離心而沒有菩提心，不能稱為真正的菩薩願；如果只有菩提心而缺乏出離心，僅成就人天善法。所以，菩提心之中一定有出離心。大家除了護持三寶，也要修學佛法，從佛法的觀念與方法得到受用，幫助自己安頓身心，進而安住於自利利人的菩薩道業上。

恭敬心來自把握當下

許多人都認同「活在當下」的重要，所謂「當下」，意味著不瞻前顧後，而能夠全心全意地投入於現在。既然大家都認同，為什麼做不到呢？也有人問我：「我學佛好多年了，可是對佛法的恭敬心好像愈來愈淡薄，假如初發心、恭敬心只是流於敷衍的表面文章，是不是一種罪過？該怎麼辦？」

其實，活在當下和恭敬心，都同時指向如何「用心」的問題。

現在最美好

同樣的事，如果經常重複，久而久之，就會感覺乏膩，不再有新鮮感。

就如每天三餐都吃相同的菜，可能第一、二天尚可接受，第三天就想換口味了。但是對修行人而言，即使餐餐菜色相同，實則沒有一道菜不是新鮮的，因為當下的經驗永遠不會重複，這就是現在觀。

禪宗說「日日好日」，聖嚴師父也說：「一切都是現成的，一切都是完整的，一切都是新鮮的，一切都是美好的。」皆在強調鬆綁過去與未來，而著重於當下的現在觀。以這種心態自處或是待人接物，對我們自己而言，每天每一分、每一秒都是新的學習、新的成長，時時處處都是充實自己、提昇自己，勇於奉獻、服務他人的機會。

處處用心學習

恭敬心，是來自對佛法的信心和願心。佛法重視動機，這是更內在的心法，也就是時時發起信心、願心，就會處處用心去學習，把事情做好。《華嚴經》云：「信為道元功德母，長養一切諸善法。」如果相信佛法的因果、因緣觀，我們就會虔誠、恭敬地求法，進而在恭敬、虔誠、懇切之中，得到佛法真正的利益及受用。

當下是最重要的，不需要和別人比較，也不需要和自己的過去比較，只要盡心盡力、盡責負責。信心和願心，則是確立人生的目標與方向感，以此做為準則，鍥而不捨地努力，就能經常感到與法相應的禪悅與歡喜。

開發人人心中的寶山

法鼓山教團自聖嚴師父創立以來，一直掌握佛法慈悲與智慧的精神，來建設人間淨土。這也就是師父所開示：「開山的意義，是每個人開自己心中的寶山，就是如何成就智慧，成就慈悲心，來共同為我們的社會、為我們的世界，提供和諧、平安、快樂、健康。」

少欲知足，少煩少惱

用智慧心來觀照自我，就能少煩少惱，而才能談得上解脫生死。這先要學習少欲知足，讓身心安穩無惱，最後成就無我的智慧。我們可以看到一些佛教國家，例如不丹或泰國，雖然國家的經濟沒有像西方先進國家那樣富裕，但是幸福度評比都是非常高的，如同師父告訴我們「心安就有平安」，而「安心的要領是少欲知足」。佛法告訴我們，只要少欲知足，便能少煩少惱，以少欲知足的生活原則修行佛法，可以讓我們一天比一天沒有煩惱，身心愈來愈清淨。

以菩提心，積極利他

用慈悲心來對待所有的人，就是修行菩薩道。因此，師父又說要「有菩提心，為大眾奉獻、服務」。少欲知足，能夠幫助智慧心的成長，但為了眾生，我們要發菩提心來積極利他，慈悲心可以透過學習與練習而成就。我在二〇一九年三月底，曾有幸與僧團法師及護法信眾，前往印度參加第六梯次的「佛陀聖跡巡禮」，當我們在正覺大塔前做晚課時，由於周圍有各種佛教傳承團體的唱誦，語言、音調都不同，有些人覺得這是一種干擾，無法專心做晚課。此時我勉勵大家，雖然周圍其他團體的唱誦語言、音調和我們不一樣，但是大家一定會將修行功德相互迴向、彼此祝福，我們的唱誦同樣也會迴向給他們。因此，這等於是所有團體共同修行。結果，當天晚課大家都很安定、攝受，也感受到其他團體對我們的祝福。

另外，我們在瓦拉納西的初轉法輪塔繞塔時，有一隊南傳佛教團體已經坐在塔前唱誦，於是我請大家心中默念佛號，來繞塔巡禮。大家對此都感到很受用，這就是站在他人立場設想的慈悲精神。

近期我看到一則新聞報導，天主教教宗方濟各為了南蘇丹的和平，在與南蘇丹總統和反對派領袖見面的時候，跪下來親吻他們的鞋子，教宗此舉讓我相當感動。佛陀從在世一直到入滅前，不斷地在恆河兩岸遊走度眾，而聖嚴師父自小體弱多病，但為了眾生，也不辭辛苦地學法、護法與弘法，這些都是慈悲的表率。

師父勉勵我們要以「四大堅持」——堅持法鼓山的理念、三大教育、四種環保、漢傳禪佛教為根本，並以學習佛菩薩自行化他、上求下化的精神，來提昇人品，建設淨土。希望大家都能透過修行佛法，增長慈悲與智慧，透過護持、弘揚佛法，讓我們的世界早日成為人間淨土。

發悲願心，傳承佛法

聖嚴師父自一九七七年返臺承繼東初老人的遺志之後，幾乎就是一半的時間在臺灣、一半的時間在海外弘法，一直到二〇〇六年，即使已經罹病，仍然赴美弘化，就是希望將漢傳佛法的好，分享給西方社會。師父就曾講過：「在美國什麼都不缺，缺的就是佛法……在西方弘法，必須具備奉獻、付出的條件。」

撒下漢傳禪佛教的種子

我在海外弘法關懷時，對此感受很深。例如在美國溫哥華和舊金山舉皈依典禮，有幾位西方眾虔誠地皈依三寶，這在西方基督教文化的社會之中，是很不容易的。這雖然也出自他們主動接受的意願，另一方面則是我們在北美的法師和信眾積極分享佛法，所以西方人士願意接受皈依，將三寶做為他們人生航行的羅盤、指南。

同時，我們很高興見到聖嚴師父在西方社會撒下漢傳佛法的種子，已逐漸生根發芽。例如師父的一位法子，克羅埃西亞的查可・安德列塞維克（Žarko Andričević）與當地學法信眾，發心成立的哈特沃斯基禪修中心（Chan Retreat Center Hartovski VRH），已於二〇一九年五月落成啟用。在不同國家地區，由在地人帶動在地人修學佛法，彼此的語言、文化及社會背景一致，這是真正的落地生根。而第一代拓荒者須具備的條件，仍如師父所說，即在以菩提心的奉獻、付出。

大乘佛法的特質，就在奉獻利他的菩薩道。大乘禪法的修行者，必須發大菩提心，誓願廣度一切眾生。若為利益大眾而許願、發願，個人的私心少了，便更能與佛菩薩的悲願相應，故能漸進圓滿菩薩道、佛道。因此，只要我們發出利益大眾的慈悲心，努力於學法、護法、弘法，就能接引更多的人認識佛教，運用佛法的慈悲、智慧，並且讓自己也在生活中享用佛法的好處。

創造幸福，減少災難

能夠有佛法的正見、理念，及修行的觀念、方法做為指引，來修學慈悲和智慧，真的是非常幸福、非常有價值的事。我們這個世界非常需要佛法，因為佛法的慈悲和智慧，是超越種族、宗教、地域，不受時空所限制的。特別是在現在，地球上有不少地方都有戰爭、天災、人禍，人心很不安定，如果我們能用心靈環保的觀念和方法，讓自己和所接觸到的人，隨時隨處心理安定、心靈清淨，人人有慈悲心，相信能為人類社會多創造一些幸福，減少一些災難。

佛教也非常需要一代又一代的人才來傳承，身為佛弟子，在體驗到佛法的益處後，就要多多分享，讓更多人獲得受用，讓正法長久住世，這是我們為報答三寶恩所責無旁貸的使命與義務——成就更多的人來體驗、受用佛法。

視線要高，頭要放低

法鼓山世界佛教教育園區落成開山十餘年，但是開啟人人心中寶山的「開山」工作，卻永遠做不完。換句話說，成長自己、成就他人的佛法教育事業，不應有終點，且永遠是當下的進行式。因此，仍需要不斷地「勸人學佛，募人修行」。

目光遠大，謙卑學習

能夠實踐、運用及分享法鼓山的理念，是非常有福報的事，因為每個人都需要佛法的教育與關懷。以我為例，在面對方丈接任大典時，便是不斷用方法，讓自己放鬆、專注。其實，在彩排過程中，我已收到許多建議，諸如立姿、坐姿、行走、視線高度及音聲表達，都經過反覆練習，從中受益匪淺。其中，有一位法鼓山體系的攝影師與我分享接受拍照的要訣，在於「視線要高，頭要放低」，我深思後覺得甚有道理。當我們的視線抬高，便能看見更多人的需要；當我們低下頭，就會把重心拉回自己身上，體會到謙卑，才能成長。

回顧法鼓山的開山歷史，身為農禪寺早期出家眾，我對前來的護法菩薩特別感到親切，特別是一九八九年護法會成立迄今，各時期均有許多菩薩發心加入自度度人、自利利人的佛法教育事業，讓我深感敬佩。

早期護法菩薩非常熱心於修行及護持，箇中因由，與聖嚴師父親自帶領大家修行，並有具體的勸募目標有關。那段時期，菩薩們身兼學法、護法、弘法三重責任，儘管法鼓山仍在興設之中，許多人已體驗到人間淨土的滋味。即使勸募體系負有募款的迫切性，大家仍以「勸人學佛，募人修行」為前提，因為理念可以實踐在每個當下。聖嚴師父告訴我們：「法鼓山不僅是一個地名，是指所有弘揚佛法的地方就是法鼓山。」並非要等到法鼓山建設完成之後，才去推動法鼓山的理念。

法鼓山心臟

法鼓山的護法菩薩，是聖嚴師父稱許的「法鼓山心臟」，經常身在護法、弘法的中心，負責輸送、推動佛法的血液到最前線。但是除了要熱忱護法、弘法，更重要的是修學佛法，將佛法應用在自己身上，這是我們護法的基石，從中生起源源不絕的信心與分享法益的熱忱。唯有如此，才能共同實現法鼓山的理念「提昇人的品質，建設人間淨土」，而師父也告訴我們，凡是法鼓山理念所在之處，那裡就是法鼓山。

入慈悲門，同窗共學

自從臺大農藝系畢業後，有四十年沒和大學同學們見面了。如今大家都超過六十歲，很多同學已經當了爺爺、奶奶，享受含飴弄孫之樂，也有好幾位同學退休在家。近日，透過一位仍在公部門服務的洪同學熱心聯繫，我和十幾位大學同學，得以在農禪寺水月道場有一場聚會。

我帶領著同學們參觀開山農舍、《金剛經》牆、《心經》牆、水月池，以及池旁的連廊，大家都感到非常歡喜。其中一、兩位同學曾和家人來過農禪寺，也有幾位同學曾參加我的剃度典禮，並在當時的農禪寺見過聖嚴師父。有位同學回憶道：「師父的身教、言教，在威嚴之中，也讓人有如沐春風之感。」

沒有不變的我

老同學聚會一堂，有句話讓人聽了特別歡喜，那就是「你都沒有變」。十年、二十年都沒有變，看起來是同一個人，但一對照年輕時的照片，看起來就是不一樣。其實與大家見面的前幾天，我特別從網路搜尋同學們的照片，因為有幾位才剛自公部門退休不久，有一位還在中央研究院做研究呢！在「入慈悲門」後方的廊道會面時，有好幾位我竟然無法馬上認出來，直到同學們主動向我介紹他們是誰，我才回神過來，這種突如其來的情境，霎時讓自己感到靦腆情怯。

我們每天日復一日地起床、洗臉、刷牙、照鏡子，把身體當成自我，每次照鏡子，對自己的樣子早已習以為常，以為都一成不變。每天對鏡自照，不覺得有什麼差別，好像自己都沒變化，但是幾十年不見，一比對昔時照片，差別之大，判若兩人。

我們不論對自己或對別人的認識，都會有一個連續性的印象。比如這照片是我，那照片是別人，這是一種視覺暫留的作用，就像看電影，因為視覺暫留的功能，所以看成連續的影片。其實從佛法來看，一切的一切，剎那都在生滅變化，並沒有恆常不變的人、事、物。若能體悟這個道理，就會知道所謂的「無所住」，沒有什麼可執著的。而無所住之中，又能發揮利他的功能，便是「應無所住而生其心」。

盡形壽，獻生命

在同學會當天，我除了向幾位已退休的社會菁英表達心中的感恩，感謝他們為國家社會的奉獻；也向還繼續為社會服務的同學介紹聖嚴師父所教導的「四它」智慧——面對它、接受它、處理它、放下它，希望他們以此來解決各種人生困境，同時也達到安頓身心的功效。席間，我也與大家共同勉勵，繼續保持身心健康，終身學習自利利人。已經當祖父母的同學，要照顧孫子，生活比較輕鬆，但時間也很緊湊；有人對佛法、禪修有興趣，想要學習打坐，我則鼓勵他們參加「自我超越禪修營」，持續往後修學佛法的因緣。

常言道：「活到老，學到老。」我和老同學們雖然在出家、在家的身分及生活方式有所不同，但是我們都仍走在探索生命的人生旅途上，需要不斷精進學習。但願大家此生都能如聖嚴師父所勉勵的話，做到「盡形壽，獻生命」。

把握生命的有效期限

近來天氣漸漸轉涼，有位僧團師兄特地贈送我有機茶包，叮嚀天冷時，別忘了沖杯熱茶暖身。我收下茶包後，隨即對產品資訊瀏覽一番，並特別留意「有效期限」。如果忽略期限，會錯過最佳的賞味時間，辜負了關懷美意。

其實，世間的一切，皆存在有效期限，包括我們的身體也是一樣，只有暫時的使用權，沒有永久的擁有權。只是一般人總盤算著來日方長，又因現代醫藥衛生發達，依賴各式各樣的生存資源，使我們產生錯覺，以致對生命的有效期限掉以輕心。

珍惜有限的生命

如何珍惜有限人身，發揮生命的意義呢？利人利己的好事，能夠做的趕快去做，行善又以布施最容易著手。布施，不限於有形的物質，而是體力、腦力、時間、智慧，樣樣皆可布施；無論是給人一句勉勵，或給人一個安慰，都是布施。

大乘佛法以布施為四攝六度之首。布施波羅蜜，若以現代語言轉譯，便是無私無我地與人分享，可以讓我們超越生死的煩惱。有能力助人，何樂不為？這種樂於分享的心懷，能使我們的心靈富足，其中道理，可從佛法的因果、因緣觀來體會。

明因緣，信因果

所謂因果，無論好事壞事、大事小事，均是自作自受，自負責任。聖嚴師父所說：「布施的人有福，行善的人快樂。」即是因果律，更指善行當下，因果同時的回饋。《易經》說：「積善之家，必有餘慶；積不善之家，必有餘殃。」此觀念可與因果會通，但有本質差異。父母與子女互為因緣，父執輩如能營造好的環境，確實可對子女產生好的影響，卻非果報的自作自受。

因此，聖嚴師父勉勵我們發好願、說好話、做好事，可從兩個大方向努力。一個從因果有，故為自己負責，另一個以因緣空，要對他人奉獻，便能同時轉動個人、家庭與整體社會的大好運。

只要人人共同發好願、行好事，相信我們人間是永遠光明、有希望的！

學佛的馬拉松精神

有位頗熱心的阿嬤級地區悅眾菩薩，就讀法鼓文理學院的碩士學程，還經常看到她在校區內外練習長跑。一問之下，知道她還經常參加馬拉松比賽呢，真是佩服！在北海岸，常常看到騎單車比賽或馬拉松長跑的隊伍。馬拉松的長跑精神，最重要的是鍥而不捨，持之以恆。而佛法的修學，或是發心當義工，也要有馬拉松精神：不急著成就，重在細水長流。

初發心、長遠心

有時我們會看到有些菩薩，剛開始做義工時，抱著滿腔熱血而來，可是當遇到一些逆境，或覺得義工之間不是很好相處，或沒受到適度鼓勵，可能就覺得擔任義工很沒意思，做沒多久就跑掉了，像這種情況就很可惜！如果能發長遠心，面對這些事情就不會起退心。

長遠心，事實上是保持一種恆常的習慣，就好像我們每天都要漱洗一樣，如果哪天起床後不漱口、不刷牙、不洗臉，反而會覺得很不習慣。對我們來說，每天保持與佛法接觸的因緣，身心時時與佛法相應而不離開佛法，就能每天增長一點信心，不因遇到暫時的困境，而稀釋、忘失了這份難得的初發心。

發願和實踐

如何保持長遠心呢？要把握兩個重點，一是發願，另一是實踐，兩者都需要。如果沒有持續發願，很容易忘記長遠心；如果沒有真正的實踐，會變成光說不練，而有心無力或是裹足不前。

持續發願，並且結合實踐，就像開闢一條長途公路，先訂出整體的策畫或藍圖，再分段設目標，然後再做短程規畫。比如我們學佛的整體藍圖，長程的目標是成佛，期間需經三大阿僧祇劫才能成就，中程目標就是多生多劫行菩薩道，短程規畫則是把握今生。今生也有短、中、長程階段，最短的目標是把握今天乃至每一刻、每一念的當下。有目標、有方向、有實踐，每一天都能踏踏實實地行在菩薩道上。

信心是一點一滴成長的，小信心可累積成中信心，再累積為大信心。常常提起初發心，常常實踐初發心，不論順境或逆境，受鼓勵或被批評，讓佛法貼著我們的心，每天的生活都和佛法在一起，就能不忘初發心、不間斷長遠心。

第二篇

心靈環保有平安

心靈環保，心安平安

聖嚴師父曾說：「『心靈環保』就是使自己的心隨時都能安定，不受身心狀況影響而痛苦、煩惱，也不因環境好壞而波動。」在疫情期間，做好心靈環保，格外重要。

全球都在關注著新冠肺炎疫情，受苦受難的患者、往生者是大菩薩，讓我們為他們祈禱迴向；救苦救難的醫護人員，他們是菩薩，讓我們向他們支持致敬。而社會大眾非常關心自己與家人的身體健康，請大家彼此護念，配合政府公共衛生宣導，避免受感染，保護自己，就是保護他人。

心安就有平安

除了留意身體平安，我們也要用「心靈環保」來照顧自己的心理、身體的健康，而心理健康尤為重要；假使身體生病，只要心態平衡、心理健康，仍可平安健康地過生活。

對於受到疫情影響的患者及其家屬，希望他們都能得到及時的醫療照顧與社會大眾的護持。正在接受治療的民眾，可以把醫療的問題，交給醫護人員；把人生中的難關，交給各自的信仰。祝福正在隔離中的民眾，都能安心自處，並獲得社會大眾的支持與尊重。俗語說「自助而後天助」，在任何狀況下，隨時保持內心的安定、穩定，則處處有平安。相信雨後即是天晴，難關之後，一定會有光明遠大的未來。

逆向思考，順勢而為

面對它、接受它、處理它、放下它，面對事情，如何處理很重要。聖嚴師父提出兩個禪法觀念：一個是「逆向思考」，一個是「順勢而為」。所謂逆向思考，是將面對疫情當成是大家共同的「任務」去接受，將危機視為成長的考驗和契機。所謂順勢而為，是隨順因緣，集結眾人的智慧、資源與力量，共同成就安全、平安，順勢減緩危害、危機。

布施的人有福，行善的人快樂。布施是人人可以做到的，為人真誠祝福也是布施。例如每天晨起及臨睡前，虔誠稱念十聲「南無觀世音菩薩」聖號，為疫情影響地區、民眾及第一線醫護人員祝禱迴向，祈願諸佛菩薩慈光加被，使疫情早日消退。如果我們能養成每日祝禱的習慣，在聖號中開啟希望的一天，在聖號中感恩踏實地生活，將能隨念心安，隨時心安，隨遇平安。

平常心過生活

新冠病毒的疫情，影響了人類活動的各個層面，無論是生活、工作、學習方式等，都起了很大的變化。事實上，整個大千世界，包括我們的身心，無時無刻不在無常變化當中。《佛說八大人覺經》說：「世間無常，國土危脆。」因此，並非疫情帶來了無數的無常變化，而是我們這個世間，本來就是變動不居的。

看見陰影，發現光明

人類歷史上曾多次發生流行疫疾，從中古歐洲的黑死病，到近年發生的

SARS（嚴重急性呼吸道症候群）、H1N1（新型流感）、MERS（中東呼吸症候群）等，因此，從大歷史看，可以說現今疫情的發生，也算是一種正常現象，因為它就是無常寫照的一部分；而大眾感到不安、恐懼，甚至生起負面思考，也是正常的。所謂看見陰影，則必知道有陽光的存在；如果疫疾是一種外在的陰影，那在不同的方向，一定存在著光明。從佛法的角度而言，光明存在於每一個人的內心中，我們可以從體會無常而向內自省，發現光明；並且讓這光明顯發出來，向不安的世界散發我們的大悲心、智慧心。

《佛說八大人覺經》也說：「願代眾生，受無量苦。」疫情可說是全體人類的共業，我們應共同承擔、共同克服。能以這樣的慈悲心觀照整體，心態也就能轉為正向、積極，促進社會同心協力，克服疫情帶來的種種難關。

以四它安心生活

在生活層面，可用「四它」來因應。首先是「面對它」：承認疫情的事實，從生活和工作來適應和改變，我們就不會只想著要逃避而心有不安。其次是「接受它」：也就是了解疫情。現在公部門的公衛訊息很暢通，關於疫情發展及防疫措施也很清楚，我們可適度了解。進一步是「處理它」，落實公衛專家提出的防護建議，比如戴口罩、勤洗手、保持社交距離，同時勤加消毒日常生活中手部碰觸之處，如鍵盤、滑鼠、門把、電燈開關等。更重要的是「放下它」，以平常心過生活，來保持、增強我們身體與心理的免疫力。

如何有安心的方法呢？可以讓自己的心從對外境的憂慮，拉回到自己身上，而念佛菩薩聖號是最簡單、容易的方法。當我遇到有狀況要處理時，首先就是念觀世音菩薩聖號，心很快就會安定下來；也可以體驗自己的呼吸，漸漸地放鬆身心。當我們的心安住在佛號上，或者在體驗呼吸時，心力逐漸集中、穩定，就不會那麼容易受外境影響而起伏了。

禪宗二祖慧可向達摩祖師求安心之道，達摩祖師答：「將心來，與汝安。」慧可找來找去，卻找不到心，達摩祖師就說：「我已經將你的心安好了。」當下慧可便悟得真心——無心可安，這是最究竟的安心。尚是凡夫的我們，雖然未能證得無心可安的大智慧，但是可以學習祖師的知見，並運用安心的方法來調心。當我們的心不再受外境動搖，這份安定祥和的力量，就能影響周遭的人。

無論疫情何時結束，只要面對事實，調整改變自己的觀念和心態，我們還是能夠安心地過好每一天。

增強心靈免疫力

佛經如何看待疫疾呢？《俱舍論．分別世品》指出，疫疾是小三災之一；小三災指刀兵（戰爭）、疫疾、饑饉。而引起小三災的原因，一方面在於「耽美食」，也就是人類太享受，消耗太多地球資源，忽視生態（護生）和環境的保護；另一方面在於「性懶惰」，這並不僅指不勤奮工作，而是指不努力修善去惡。

化解心理壓力

疫情帶來的影響，已遍及各層面，許多國家限制民眾外出，在臺灣也有上萬人居家隔離。為了保護自他，公衛部門呼籲大眾拉大社交距離。在這樣的情況下，可能有些人會感到不適、覺得孤單，畢竟人是社會性的群居動物，若長期與人群疏離，則可能產生心理壓力。補救的方法，是透過種種現代通訊方式來互相關懷。在此時刻，人人需要調心、更需要相互勉勵；雖然彼此要保持身體的社交距離，但仍然可以拉近心理的距離。

享受現在最美好

有不少人分享，疫情縮小了每天能夠活動的空間，但也增加了很多獨處的時光。獨處，或許可以帶來另一個面向的成長。以禪修為例，我們可以練習把自身從外境中「孤立」起來，進一步把心念從過去與未來中「孤立」起來，安住於「現在」這一念，感受且享受最新鮮、最美好、最完整的「現在」。假如有更深的禪修體驗，比如體驗到身與心統一、心與境統一，就能夠感知全球人類與環境整體，是息息相關的生命共同體，彼此的存在是互相的因緣關係。學習讓自己停下來，透過深度的自省，開發我們內在的慈悲與智慧，是這段時期我們每個人都需要的正向思維。

研究指出，病毒侵入人體後，會攻擊免疫系統，老人家和慢性病患者是重症的高危險群。因此，除了阻絕病毒，我們也應照顧好身體，讓免疫力正常發揮功能。法鼓文理學院校長惠敏法師提倡的「身心健康五戒」：微笑、刷牙、運動、吃對、睡好，頗值得參考。無論是否在防疫期間，都要維持身心放鬆、規律的正常作息。又例如我自己，以每日睡前拜佛三百拜為定課，對佛法的信仰、修行的信心、心性的穩定和安定，感到很大的助益。

慈悲有平安，智慧得自在

每個人都非常關注疫情的發展，其實政府的消息都是透明公開的，只要遵守相關規定，做好防護，不需要有多餘的憂慮。誠如聖嚴師父所說：「多用心，少擔心。」與其一直大量瀏覽各種訊息，增加不必要的精神負擔，不如花點時間做做室內或戶外運動，舒展身心，增強免疫力和抵抗力。

慈悲心是防疫良藥

如果還是會擔心，佛教徒可以誦經、禮拜、念佛或禪修，把修行的功德迴向疫情早日消除。其他的宗教信仰者，也可以用各自的修行方法來安心，有信仰做為依靠，就容易有安全感。雖然社交活動需要盡量節制，但現在網路科技很發達，可以透過信息表達彼此的關懷，藉由述說、傾聽，減少心理上的不安和焦慮。法鼓山相關網站也有很多資源，像八式動禪、早晚課、網路禪修等，鼓勵大家配合個人或全家生活的節奏，妥善規畫生活。

全世界人類是生命共同體，也是防疫共同體，所以要「以慈悲心待人，時時有平安」來互勉互助。慈悲心就是同理、關懷、體諒的心。疫情期間，大家的生活、工作、求學及人際互動都受到影響，但和世界其他地區相比，臺灣的防疫成效做得相當好，我們要感恩醫護人員的辛苦、體諒政府應變的難處，只要大家共同配合，就能遏止病毒的傳染，漸漸往好的方向發展。所以，慈悲心是防疫最好的良藥。

平常心是智慧心

更要「以智慧心安己，處處得自在」來生活，配合政府和公衛專家的防疫指導，例如口罩戴好、勤洗手、配合實聯制，做好個人的防護。對疫情要關心但不必過度擔心，以平常心來面對，還是可以正常過生活。這就是一種智慧心。

聖嚴師父提出的「四它」，在這個時候非常有用。

面對它：任何事情發生，要認識清楚。

接受它：對於現在的狀況，能夠接受，就不會焦慮。

處理它：在能力範圍與責任所在，盡心盡力做到；能力範圍以外的，可以迴向、祝福，不需要擔心。隨時隨地，念念在當下，把該做的事情做好。

放下它：身心常放鬆，當身體感受到心理負擔或緊張的情緒時，就將它放鬆、放掉。

身體的防疫固然要緊，心理的防護更加重要。讓我們以慈悲心迴向疫情早日消除，染疫的患者早日康復，祈願一切眾生平安健康。

運用「四感」，安己安人

防疫期間，我們每個人的獨處時間增加，可以運用禪修的精神，將身、口、意收攝起來，觀察自己內心無限深廣的世界。

隨著新冠肺炎疫情發展，社會有許多的不安。但是我們也看到專業的醫護與防疫人員、研發疫苗人員，在高壓的工作狀態中，依然堅守崗位，就是為了保護整體社會的健康，可說他們就是慈悲利他、救人救世的人間觀音。

生命共同體

新冠病毒是圓形的病毒體，表層有很多突觸，這讓我聯想到圓形的病毒體，就好像是地球，而一個個突觸如同是地球上一個個的人。每個人都是地球的一部分，大家都是生命共同體，特別是在這樣艱困的時刻，我們更應該互相關懷。聖嚴師父說：「慈悲沒有敵人。」病毒帶給我們一連串的試煉和考驗，但可以藉此檢視我們自己，在面對未知的風險時，是否依然能夠以慈悲的心，來保護自己、保護他人。

例如可用法鼓山「心五四」運動中的「四感」：感恩、感謝、感化、感動來落實。對於醫護、公部門的奉獻，我們應該感恩；對於社會大眾的配合，我們應當感謝。

感化自己，感動他人

法鼓山護法總會名譽總會長陳嘉男居士，已捨報往生，但是他的護法精神深植人心。他的一生就是用佛法來感化自己。看到他所留下厚厚的一疊學佛日誌，真讓人感動。而我自己，也是用每日禮拜觀音菩薩三百拜的修行方法，像陳總會長一樣，用感恩、慚愧、懺悔來勉勵自己，學習佛法的慈悲與智慧，來為疫情迴向。

先用佛法感化自己，才容易感動他人。以唐朝圭峰宗密大師的故事為例，他有位曾任朝中要職的好友李訓被宦官追殺，投奔宗密尋求大師庇護，然最終仍被捕，宗密亦受牽連，被判死罪，卻心無所懼。他說：「本師教法，遇苦即救，不愛身命，死固甘心。」他的行誼感動了追查的官員，奏請朝廷釋放了宗密。

勸請大家運用「四感」的觀念，發起廣大慈悲願心，感恩專業人員的付出，感恩社會大眾彼此護念，也感恩自己平安的福報，祈願疫情早日消除，人人健康平安。

善的力量，帶來光明與希望

隨著新冠肺炎疫情擴散，社會人心難免不安、惶恐，此時更是體現彼此關懷，學習同理心與慈悲心的時候。疫情的傳播與影響是全球性的，而當下每一個人的心念及身、口的善惡行為，都會對現在乃至未來疫情發展的好或壞造成影響，我們更應該不分你我，彼此護念。只要有共同的希望和信心，相信黑夜會過去，白天終究會到來；相信發好願、說好話、做好事，一定可以轉整體大環境的好運。

傳播善念

疫情期間，法鼓山僧團每天早晚課，禮拜、持誦觀世音菩薩聖號，將功德迴向：「以此功德，為全世界正遭逢疫病、戰爭、天災人禍而受苦受難的地區與民眾迴向。祈願觀音菩薩護念法界眾生，於觀受苦難中，悉得智慧、慈悲；復以慈悲、智慧解脫一切苦難。」祈願因疫情不幸往生的人，能放下萬緣，得生佛國或天國；祝福正在接受治療的人，能早日恢復健康；祝願正在隔離中的人，能安心地度過隔離的生活。

除了傳播善念，共同祈願疫情早日退去，我們也需要用安心的方法，如落實戴口罩、勤洗手、保持安全的社交距離等防疫措施，抱持希望和信心；而過度的憂慮、擔心，則是不需要的。

關心、不擔心

在疫情不斷變化、空間生活的便利性不斷限縮，在各方面訊息紛至沓來的時候，生活如何維持常軌不受影響？首先，公部門公布的資訊，以及公部門所認可的專家建議，有一定的可信度。除此之外，多餘的訊息，我們甚至不需要Input（接收），反而更需要Output（輸出）對社會的關心。吃飯時吃飯，睡覺時睡覺，不需要把疫情的訊息，二十四小時放在我們的腦袋裡，這樣只會把自己嚇得不知道該如何過日子了。

無論有沒有宗教信仰，如果還是很擔憂，可以把身心放鬆一下，感覺自己的呼吸；或是持誦佛菩薩聖號，讓心漸漸平靜、安穩下來。把擔憂交給各自的信仰，好好配合防疫措施，必能平安無事。

透過大家共同的願力——發好願、說好話、做好事，一定可以轉好運。善的力量就是在創造因緣，讓善的力量發揮作用。讓我們共同祈願、祝福、迴向，讓疫情早日結束，回歸正常的生活步調。

生命良師，菩薩示現

今年（二〇二一年）四月二日發生的太魯閣號列車事故，往生和受傷的菩薩不少，令人感到非常悲痛、不捨。昔日，每當有災難事故發生，聖嚴師父都會告訴我們，這是大家所要共同承受的一種共業，如今由這些罹難和受傷的菩薩來承擔，正所謂「救苦救難的是菩薩，受苦受難的是大菩薩」，他們現身說法，為我們示現無常相，讓我們更能夠起大悲心、大智慧心來利人利己。

示現生命的良師

在所有往生的菩薩中，許多位都相當年輕，有的還在讀大學，或是大學剛畢業，未來人生才剛要起步。希望我們都能夠發揮努力學習、奉獻利他的心，代替他們實現人生的理想和願望；希望全臺灣所有民眾也都能抱著這樣的心願，如此他們便可以安心和安息。

所有往生的菩薩都是示現生命的老師、教育大家的良師，我們要祝福、迴向他們到西方極樂世界、花開見佛，向阿彌陀佛、觀世音菩薩、大勢至菩薩等諸佛菩薩繼續學習，至信心不退轉之後，再回人間廣度眾生，成就無上菩提。

當然，往生者家屬必然感到相當悲痛不捨。對佛教徒而言，這一期生命僅是修行菩薩道無數旅程中的一站，成佛才是終點站。往生的菩薩們雖然先到西方極樂世界，未來的旅程中，還會跟我們在無數諸佛座下相見，互為菩薩道的同學、善知識。

寶貴的生命教材

對於這次事故的發生，我們也要共同反省、共同懺悔、共同改進，不只這次發生在臺灣的交通事故，每天很多災難都在全球各地發生，像去年（二〇二〇年）持續至今的疫情，全世界依然很嚴重。臺灣從去年到今年的防疫成效，得到很多國家的讚歎，主要得力於民間和公部門共同合作。交通安全也一樣，需要民眾和政府一起努力合作來加以改善，我們更要記取往生和受傷菩薩們留給我們寶貴的生命教材。

這次事故發生得非常突然，往生者家屬所受的身心衝擊，非短期間即可平復，法鼓山並設立安心服務站予以關懷陪伴，一起度過這段困難的時間。祝福大家都能平安自在。

銀髮也是寶

感謝企業家許光揚菩薩捐助法鼓文理學院一棟「揚生館」，做為體育館之用，許菩薩家族做了不少慈善公益事業，包括成立「揚生慈善基金會」，關心銀髮族的身心健康，倡導高齡者保持人際互動、運動習慣以及上課成長，活出老得很健康、很有意義的晚年生活。法鼓山在各分院、分會所舉辦的長青班課程也頗受大家歡迎，邀請高齡族終身學習、健康老化，活到老學到老。

長者的人生閱歷與經歷是最珍貴的資產。我初到日本留學時，看到不少社區裡的老人家，義務為離鄉背井的留學生教日語會話課程，從與他國年輕學子的教學互動當中，也見識到了不少世界各地的風土人情，似乎也能夠讓長者們繼續不斷地保持年輕的活力。

所謂愈老愈是寶，有時做人生的自我回顧也是一種成長，卻不必依依不捨，沉湎往事。就像我在日本社區看到的老人家一樣，如果能將自己寶貴的人生經歷傳承給下一代，那就更有意義了。此外，用佛法、禪法隨時體驗活在當下，好好享受當下的時光，這也是一種成長。活在當下，要從調心做起。調心的方法，比較容易做到的是念佛，若是體力許可，拜佛也很好。

人的身體、生理，隨著生命的成長，而有幼、少、青、壯、老等自然的分段時節，尤其上了年紀，記憶力及體力往往隨年齡增長而遞減。其實這都是過程；生命的現象，始終處於變動、變化之中，而能夠欣賞每個階段的變動、變化都很精彩。

拜佛調身調心

從人體醫學而言，拜佛這個動作，能促進血液循環，有益於身體保健。

我在法鼓文理學院擔任教職期間，曾邀請一位協同教學的醫師前來分享。他說：一般運動，如走路或慢跑，身體僅止於平行的移動，不易帶動脊椎及關節舒展活動。拜佛則有垂直運動的好處，可讓我們平時鮮少活動的脊椎、關節、神經和經絡系統，透過拜佛達到全身運動。其實，不止漢傳佛教，藏傳佛教也鼓勵初階學佛者要十萬大禮拜。因此，不論是否具有宗教信仰，拜佛或是禮拜，均值得鼓勵。

年長者拜佛，應視自己的體力狀況調整，建議可將速度放緩、放慢、放輕。慢慢地拜，仍有運動效果，同時兼具調心功能。法鼓山護法總會張昌邦總會長告訴我，一年前，他每天拜九拜，現在已經增加到十二拜了。我們要成就一件事，持之以恆的毅力很重要。拜佛，最好也能固定時間，每天禮拜，才不容易忘掉。如果無法定時拜佛，可改為每日計數。比如我俗家的姑媽老菩薩，她對自己要求很嚴謹，每日固定多少拜，歷數十年不間斷，亦可借鏡。

聲聲阿彌陀佛

聖嚴師父的〈四眾佛子共勉語〉中，最後兩句是：「處處觀音菩薩，聲聲阿彌陀佛。」一念佛，只要有空就可以念，是非常方便的調心方法。如果發現佛號念著念著心跑掉了，也沒有關係，再把心收回到佛號上即可。另外，念佛也有攝心的方便。例如正對著佛像念佛，即是一種有效的方法。我們可以借助圖片或是雕塑的佛像，做為目光收攝的焦點，同時口中稱念佛號，亦即透過眼根和耳根並用，更容易專注。若覺得觀世音菩薩更親切，也可目視觀世音菩薩像，口念「南無觀世音菩薩」或是「南無大慈大悲觀世音菩薩」。我的姑媽老菩薩，她自己發明了一套稱念法：「佛祖啊，南無大慈大悲觀世音菩薩。」一念得很親切、很安定、很法喜，也是一種方法。我自己則習慣稱念四字「觀音菩薩」。

念佛或是念菩薩，就看個人與哪一尊佛菩薩有緣、感受親切，便是相應。假使外出，可於心中憶念平日所持誦、禮拜的佛菩薩像；我自己外出時，也隨身帶著觀音菩薩的小卡片，隨時可拿出來看，這就是觀想法。不過，年長者調身和調心的方法，仍以在家裡拜佛、念佛較為可行。當我們目視佛菩薩像，請不要把聖像視如一塊木頭、一座石像，或是一紙圖片，應當念佛如佛在，念菩薩如菩薩在，所謂心誠則靈。祝福大家常常不忘念佛，處處跟佛菩薩在一起，時時與佛菩薩的悲智願心相應。

獨居時代的守護網

法鼓山慈善基金會從去年（二〇二一年）開始，籌畫以新北市的新店及臺北市中山兩處安心站，專以服務關懷銀髮族的老菩薩。所謂愈老愈是寶、活到老學到老，正說明健康老化很重要。此外，如何建立相互支持、支援的系統，應該是更大的課題。當前的高齡社會，年過七十，不足為奇；八、九十高壽，漸漸成為常態。換句話說，現代人的晚年時光極為可期。晚年獨居，希望保有自主空間，首先要把自己照顧好，常與家人聯繫，進則關懷社區近鄰，讓彼此互為關懷的守護網。

高齡化社會的全球課題

世界上許多國家都已進入高齡化社會，現代人普遍高壽，此與醫療科技、服務系統的整體提昇密切相關。身處這個時代，我們很幸運享有尖端醫療科技與便捷的醫療資源，若能再加強對身心健康的維護，長壽並非難事。伴隨高齡社會到來的另一股趨勢，則是長者獨居人口攀升，這已是全球共同面臨的課題。

聖嚴師父早年於美國指導禪法的第一代學生——哥倫比亞大學于君方教授，退休後遷入當地一所民營的長者照護社區，由社區提供生活、飲食及醫療等照護網絡，自己則享有獨立居住空間，並且不斷地奉獻精進，一本一本地書寫著作。于教授認為此一選擇，雖是換了新環境，卻不影響她的研究寫作計畫，其餘如社交及修行生活，悉皆如常。

至於公部門推行的長照制度，日本在這方面已發展得相當成熟，許多社區設有長照服務專區，為長者提供共餐、共學、休閒及醫療等照護。現在臺灣也在推行長照，各地政府積極推廣共餐、共學等服務，相信未來整體長照制度，將愈來愈完善。

關懷獨居老人

不過，現階段來看，長者走出自己習慣的生活場域，進入長照機構過團體生活，似乎仍是少數，多數長輩仍希望於熟悉的住家安老，這就會面臨部分長者獨居的景況。無論是基於主動意願，或因子女不在身旁，或是獨身因素所致，晚年獨居長者假使身體健康，生活無需倚賴他人，那就不是問題；但要留心，一旦發生緊急狀況，該如何處理？

從大環境來講，公部門所設立的長照服務人員，或是獨居老人關懷專案，均可發揮一部分關懷功能；不過獨居長者本身，仍需建立一套緊急應變的求助系統。當緊急狀況發生時，除了打電話向家人親朋求助，平時保持互動的近鄰，及社區、鄰里等緊急求助系統，很可能才是及時協助的人員。因此，平時就要善用電話及行動通訊等聯絡工具，並與左右近鄰相互照應，一旦發生緊急狀況，才不至於孤立無援。

最美好的時光

法鼓山歷年來舉辦的佛化祝壽活動，主要是邀請六十五歲以上的長者共聚一堂，接受佛法的祝福。這使我想起二十多年前，我的俗家老菩薩也曾來訪農禪寺，看著表演、用著點心，並且聽到了幾句佛法，已很受用。聖嚴師父曾說，一個道場若能讓人吃飽、吃得歡喜，便是度眾生的法門；度眾生，不一定非要講經說法不可。

得到佛法的祝福

我俗家父母的學佛之路，是他們走進道場，實際感受到佛法的好，才真正開始。因此，得到佛法的祝福是很重要的。所謂佛法的祝福，也就是把自己照顧好。什麼是把自己照顧好？

第一，把身體照顧好。聖嚴師父說「勤勞健康最好」，照顧身體有兩個重點：飲食均衡和適度運動。如我今年（二〇一八年）六十歲，雖不敢稱老，但我必須準備老年的資糧。我每天慢跑二十分鐘，一邊跑步，一邊聽外語，兼具身體與頭腦的雙重運動。如果長者認為跑步過於劇烈，就是散步也很好，我們看到有不少著名的文學家、藝術家等都有每天散步的習慣。如若年紀更長，則要留意生活起居安全，兼重營養均衡。

第二，把生活照顧好。師父有兩句話：「布施的人有福，行善的人快樂。」人生的上半場，許多人為了事業和家庭全力以赴，退休後，才有機會將生活重心，拉回到自己身上。我鼓勵可朝兩個方向拓展生活面向：一是做義工，一是培養興趣。做義工，只為利他奉獻，廣結善緣。培養興趣，如參加音樂、美術等才藝課程，可讓生活豐實多彩。所謂藝術，簡而言之，即是變化中有和諧，和諧中有變化。而保持適當的人際互動，也能增進身心的健康。

第三，把心照顧好。師父也說：「少病則身安，少惱則心安。」現代社會以小家庭居多，獨居人口更見趨升，其中亦不乏老人自主性選擇獨居的社會景象。這段時期，子女或許不在身旁，朋友也不多。往好處想，正是讓我們面對自己、認識自己的契機，即是修行。修行方法中，念佛和拜佛是比較容易著力的，能夠拜佛就拜佛，有時間念佛就念佛。假使生病，最好能夠練習：視病如親、如好友、如佛菩薩，接受、包容它，那就不會產生對立。醫生能幫助我們照顧身體健康，但是心理健康還是要靠自己照料；佛法告訴我們身由心主宰，所以，心才是生命的主人。

第四，要有宗教信仰。信仰是人生的歸宿，佛教相信有西方極樂世界，可將此生修行的善根及福德因緣迴向未來，到極樂世界繼續修行。有此心願，則會更珍惜每一時、每一處，感恩現在所擁有的一切。

全方位照顧自己

生命是永恆的，從出生至少、壯、老年的每一過程，儘管變化不已，如果用心體會的話，其實只有每一刻、每一念的當下與當下。把身體照顧好、把生活照顧好、把心照顧好，進而懷抱宗教信仰，給自己全面的照顧，便是佛法的祝福。這樣的話，當下的每一刻，都是最年輕、最精彩、最美好的時光，也就沒有老或不老的問題。

發願的四個階段

為了緬懷創辦人聖嚴師父圓寂十週年，及感恩法鼓山創建滿三十週年諸多善因緣的護持，今年（二〇一九年）法鼓山系列活動以「如是我願」為主軸，與年度主題「好願在人間」相呼應，希望不僅傳遞「好願」的祝福，更期能讓「我願」成為一種人人皆可實踐的生活方式。

發願，vow，是最初的發心，原則是大處著眼、小處著手。大處著眼為利他，我們的願心，愈遠、愈大，愈是利他的願愈好。小處著手從利己，是從自己的行為做起，用佛法來感化自己，提昇品格，就能產生影響他人提昇人品。

「發願」，可分為四個階段：

第一是祈願，wish。有不少人都曾在法鼓山祈願觀音殿請過「心靈處方籤」，先念十句「南無觀世音菩薩」，禮拜觀世音菩薩後，即可祈願。祈願是很直覺的感性抒發，比如自己什麼地方還可以再成長，不足之處如何來修正，所以是很容易做祈願的。

第二是許願，promise，以願導行，是自我的承諾。許願，重在意志力，也就是要堅持初發心，提昇自我，利益他人；許願之後，則須有理性的計畫。從祈願到許願，具足感性、意志和理性三重心理質素，便是佛法講的知、情、意，此時已完備行願的前置期。

第三是行願，do，以行踐願。行願時，實踐為先，不必想太多，卻須隨時檢討。如同我們備好一杯熱茶，先嘗一口，以試茶溫；或是炒菜起鍋前，先嘗一口，調和鹹淡，這叫「試水溫」。行願當下，重於將我們的腳步踏出去，一邊做，一邊檢討，修正之後再出發。

第四是還願，fulfill，即圓滿之意。聖嚴師父於〈大悲心起——祈願、許願、還願〉歌詞中寫道：「祈願許願的我，大悲心起來還願。」也就是我們往昔過去生曾發願要來行菩薩道，還願則是圓滿了最初的宿願，此時的我們已經完成菩薩道的一個階段，那就是還願。願望達成的本身即是目的，別無所求。這便是《心經》所講的「無智亦無得」，是真正的大智慧。只為奉獻，一無所求，這是真正的還願。

發願是最初的發心，但求心量廣大。祈願，可從感性出發；許願，要有意志的承諾及理性的計畫；行願，要能適時修正，重新出發；還願，則是別無所求。這是很實用、很有步驟的修行方法，希望大家共同「許個好願，讓它實現；積極行願，造福人間」。

好願在人間

新年前後，大家都會口說吉祥話，互道恭喜，這樣的祝福有用嗎？當然有用，因為誠心祝福，本質來講就是一種好願。我祝福你，你祝福我，從一份祝福，連結眾多人的祝福，就會變成我們大家共同的願力。這便是法鼓山每年提出祝福主題，邀請社會大眾共同發願、共同期許的所在。

許個好願，讓它實現

為什麼要發願？發願，雖是佛教常用名詞，它的內涵實與許願相近。大家不妨回想自己許願時的心境路程。在許願當下，我們的心往往趨於寧靜安定，而從內心深處生起一份承諾：「我願意這樣做！」也就是心甘情願，主動承擔。只要以願力與決心來深入開發自己的內心世界，就能發掘我們潛在而無限的慈悲與智慧能力。

二〇一九年法鼓山年度主題是「好願在人間」，這是由聖嚴師父親自題寫，留給社會大眾的勉勵。我們再加上兩句詮釋：「許個好願，讓它實現；積極行願，造福人間。」希望能再次傳遞師父的關懷，更邀請社會大眾透過許願、行願，來轉自己的好運，也轉家庭、社會及全世界的好運。

積極行願，造福人間

如何許好願？願，可大可小，不妨掌握「大處著眼，小處著手」兩個原則。小處著手是願自己成長，大處著眼是為關懷利他；這兩個面向，只要其中一個成長，另外一個面向也會隨之提昇。

小處著手，則是日常生活的實踐。以個人來講，最基本的就是善盡本分，把人做好。在什麼職位，該做什麼事，盡責負責，全力以赴。與人相處，若能多一分尊重，就會多一分包容；多一分關懷，就能多一分力量。所謂「敬業樂群」、「和眾共濟」，當盡責負責、關懷他人，成為我們的生活態度，甚至是一種生活方式，也就能夠轉自己的好運，進而影響整體大環境一起轉好運。

發願以後，重在實踐。若是能夠經常提醒自己：「我願意這樣做！」那麼，即使遇到挫折困難，依然鍥而不捨地堅定前行，這便是願力的可貴。以佛教徒來講，從紛亂無盡的煩惱到減輕煩惱，甚至到究竟解脫煩惱，均須憑藉願力來完成。

因此，發願、行願是佛法非常重要的修行，亦為菩薩道最重要的內涵，以利他為第一，把個人的我放在其次，即是菩薩願；愈是幫助他人，就愈能夠放下自己，而得到真正的快樂。

生命的意義，是在不斷奉獻之中成長，做自利利人的善行。我們與家人、與社會大眾的因緣關係是無法切割的，透過願力，可使我們與其他人的

關係更緊密結合，互相影響，互相分享。讓我們一起許好願、行好願，共同
轉動整體社會的大好運！

培福有福

新春期間，許多民眾扶老攜幼，帶著家人外出走春。所到之處，或許有些交通壅塞，多數人還是不受影響，因為這些狀況已在意料之中，也就可以接受、包容。我們也看到，人人笑容親切，逢人就說祝福的好話。像這樣，每一時、每一處、每一人，裡裡外外，都在發好願、說好話、做好事，所謂的好運或者新氣象，就這樣創造出來了。

廣結善緣，大家來培福

聖嚴師父曾比喻，每個人心中，都有一座慈悲智慧的寶山。開發這座寶山，如同耕耘眾生的心田，不僅自己可以受用，所有與我們接觸的家人、親友、同事，或者不認識的人，也都能夠感受慈悲、智慧的影響力。

因此二〇二〇年，法鼓山以「培福有福」為年度主題，邀請大家共同來開發寶山、耕耘福田，進一步提出兩句話做為實踐方向，那就是「廣結善緣，大家來培福；感恩知足，人人有幸福」。

廣結善緣，是在人群中關懷對方、利益他人，所謂「菩薩以眾生為福田」，又說「未成佛道，先結人緣」，廣結善緣是修行菩薩道的種價值所在。如何落實呢？我常想起聖嚴師父老人家，生平至任何地方、見到任何人，只想著兩件事：一是如何為對方帶來好處、用佛法幫助對方；一是欣賞並學習對方的優點。所以，廣結善緣有兩個出發點：一是積極奉獻，然後是向他人學習。

感恩知足，是任何情況下，練習讓我們的內心平靜安穩，如此將會發現，幸福隨時與我們同在。我們每天的生活，都與家庭、學校、社會或者全世界共同維繫著眾多因緣，不僅相互依持，且更互相受益。從時間上來說，我們得之於前人的貢獻太多；從空間而言，我們每人都是相互扶持、推動社會進步不可缺少的一分子，時代巨輪因有大家的互助互惠，相輔相成，得以安穩前進。

感恩知足，人人有幸福

我們可以這樣理解，廣結善緣是「動」、是走出去，藉著自己現有的資源、能力，去幫助更多的人。感恩知足是「靜」、是向內看自己的心念，即使遇到挫折，也能正面解讀、逆向思考，肯定這是自己過去發的願心，所以現在正在還願，甚至要感恩對方讓我們得以一償心願。結合一動一靜，向外走、向內看的旅程，以福報來培養智慧，以智慧來運用及增長福報；而我們幫助眾生，心無所求，沒有一絲一毫自我中心的執著，才是真正的培福有福。

生而為人就是福報，珍惜難得的人身，進一步修福修慧，這是非常可貴的事。雖然我們每個人一生之中，都會面臨各種處境，例如人與自然環境的衝突、人際關係的衝突、個人身心的衝突，或是最深層的自我內心衝突，這都是從因緣法所產生。只要回歸心靈環保，心不受外在環境影響，我們就可以成為社會的中流砥柱；只要有願心、信心、有奉獻助人的心，我們就不會在大時代的變局中感到徬徨。

祝福大家都能深入開發自心寶山，珍惜耕耘人間福田的機會，一分一分放下煩惱，一天一天增福增慧，讓自己得到平安、健康、快樂、幸福，也讓我們所接觸到的每一個人，都能平安、健康、快樂、幸福。

感恩、懺悔、發願

自疫情發生以來，法鼓山僧團於二〇二〇年三月起共舉行十場「心安平安祈福法會」，並以「三時繫念祈福超度法會」做為總迴向。三時繫念法會，有感恩、懺悔、發願、迴向的四種功能與意義。

首先是感恩。疫情期間，無數身處第一線的醫護、醫事及各行各業的值勤人員，為了守護全世界人類的健康，不眠不休，日以繼夜地堅守崗位，我們要表達感恩、感謝與感動。過程中，法鼓山也略盡綿薄之力，例如法鼓山慈善基金會除了捐贈國內自製布口罩與防疫物資的關懷，也送出七萬片布口罩援助美國。美國法鼓山佛教協會（DDMBA）於二月份捐助中國大陸近五千套的醫療防護衣，三月份起捐助美國的醫療機構、收容所與弱勢團體。而法鼓山北美分會與分支道場，聯合北美佛教團體，發起一項「佛法救濟」專案，捐助美國、加拿大，百餘間醫院達三十多萬片口罩等防疫物資。但是，我們仍感到應該還可以做得更多一些。

其次是懺悔。疫情的發生，是全體人類的共業，每一個人都必須承擔一份責任。不但要積極做各項社會救濟，個人身心行為上也須有所自省，這就是透過懺悔法門，懺除無始以來的種種惡業，清淨身心，提昇自己，為淨化世界盡一分責任。

第三是發願。當個人發的願愈大時，自我成長的空間也就愈大。當我們發願，生起利他、護他的菩提心，就能發揮更大的潛能與力量，幫助減少疫情帶來的傷害，讓疫情早日平息。

最後是迴向。到目前（二〇二〇年五月）為止，已知全球有二十八萬人因疫情不幸往生，誠如聖嚴師父所說：「救苦救難的是菩薩，受苦受難的是大菩薩。」我們透過精進修行，將功德迴向給他們，當然也迴向給自己；也就是以精進的修持，轉貪欲的心為布施的心，轉瞋恨的心為慈悲的心，轉愚癡的心為智慧的心。

三時繫念法會的內容，包括持誦《阿彌陀經》、稱念阿彌陀佛的聖號、讚歎佛、法、僧三寶的功德等。阿彌陀佛的意思，是無量光、無量壽，透過持誦佛號，來啟發每一個人的自心佛性。這也就是佛陀告訴我們，每個人都有佛性，透過修行，可以開發人人本具慈悲與智慧的寶藏，而來成長自己，幫助他人。

祈願全球平安自在

二〇二一年，法鼓山以「平安自在」主題，為我們的社會及全世界祝福。所謂平安，是以慈悲心待人，時時有平安；所謂自在，是以智慧心安己，處處得自在。新冠疫情雖已持續近一年，我們仍需以平常心來面對、接受、處理、放下，並以同理心、寬容心、關懷心，共同祈願疫情早日止息，回復正常的生活步調。

照顧內心，關懷他人

疫情發生以來，全球各地民眾多多少少都感到生活上的些許不便，甚至有些人因而面對親人辭世、隔離，或是遭遇工作與經濟生活的驟變。從佛法的角度，物質生活的短少而致生活不便，確實是存在的，但如果我們能保持心理安定與精神的平安，那才是真正可靠的平安。因此，勸請大眾在關心疫情、關注生活的同時，也要好好觀照我們的內心環境。

佛法的智慧，主要是因果、因緣觀，任何事情都有它的前因後果，然而因果並非絕對，只要積極努力，就可以改善現況，甚至做為創造成功的機會和機緣。所以，新的一年可說充滿了希望，若能抱持這種存心和祝福，我們自己本身就是平安自在的。

《大乘起信論》也說：「心生則種種法生，心滅則種種法滅。」一切人、事、物環境都是由心主宰，我們是不是能夠共同發起大悲心，以同理心、寬宏大量的心、互相關懷的心，來照顧自己，也照顧他人？是不是能夠對整體大環境多一些保護，珍惜有限的地球資源，而多做一些永續經營的努力？假使人人有此體認，相信不僅這一代能夠活得平安快樂，我們的下一代也能夠獲得平安自在。

學習觀音，自安安人

平安自在，要從自己做起，也可以學習觀世音菩薩的平等慈悲精神。我們的生命，細至分分秒秒的生存，都與許多認識或者不認識的人，存有直接或間接的因緣關係，並從中獲得非常多的助益和支持。如《梵網經》所說：「一切男子是我父，一切女人是我母，我生生無不從之受生，故六道眾生皆是我父母。」若能將一切長輩視為我們過去生的父母，將一切平輩當成兄弟姊妹，而將所有的晚輩待如子女或親人，以這種存心待人，平等心、慈悲心就容易產生。換句話說，當我們對生命抱持感恩與珍惜，自然就會以慈悲心待人；當我們以平等心、慈悲心待人，我們自己就是平安的。

觀世音菩薩，亦名觀自在菩薩，其修持方法，如《心經》所述，乃是照見五蘊皆空。世間的一切現象，都是暫時地存在，而非永久存在。當我們順利成功之時，不應得意忘形；當我們失敗困頓之時，也不必灰心喪志，最好能以智慧心面對。事實上，我們所面對的環境、境界都是自心的一面鏡子，身處各種境緣而能練習反觀自心，放下個人的執著或堅持，就時時刻刻得到自在，這是觀自在菩薩照見五蘊皆空的法門，非常好用。

祈願全球，平安自在

我們只有一個地球，這是我們共同生存及生活的大環境，以這種大心量、大悲心來對待任何人、處理任何事、接觸任何環境，我們就能時時平安、處處自在。祝福大家新的一年平安自在，也請人人為自己、為家人親友、為所有認識或不認識的人祝福，更為全世界祈願「平安自在」。

發大菩提心

所謂的菩提心，就是學習本師釋迦牟尼佛乃至諸佛、諸大菩薩的大慈悲、大智慧。我們每天做早晚定課，都會誦念三皈依及〈四弘誓願〉。其中如「自皈依佛，當願眾生，體解大道，發無上心」、「眾生無邊誓願度」、「佛道無上誓願成」等，都是大菩提心的內容。

開發心中的寶

佛法告訴我們，一切萬象都是因緣所生法，我們每一個人與其他的人、與有情眾生，甚至與物質上的環境世界，都是互為因緣的存在。聖嚴師父有則法語：「小小的好做得多了，就會變成一個大大的好。」平日生活的待人接物中，如果時時心存善念、善願，雖然是小善、小願，於己、於他，都能產生潛移默化的功能、作用，從而化解許多人我之間的矛盾、衝突。期許人人都能學習佛、菩薩的大悲心，以「利人便是利己」的心量，尊重、體諒、包容他人；放下自我中心的主觀立場，來為他人、為整個大環境而奉獻服務，隨時隨地都在開發自己心中慈悲的寶、智慧的寶，這便是發大菩提心了。

長養菩提心苗

過去兩年，全球人類共同經歷了疫情帶來種種的不便與衝擊，迎接新的一年，我們一方面祈禱疫情早日結束，同時也要做好心理準備，所謂「世間無常」、「三界如火宅」，未來仍充滿著各種變數。但聖嚴師父也勉勵我們「火宅中也有慈悲和智慧」。因此，我們需要經常提起慈悲的心、智慧的心，將任何大事、小事都當成是幫助我們長養菩提心苗的好事。

法鼓山今年（二〇二二年）以「大菩提心」做為我們每個人實踐及為全世界祝福的重點方向，邀請大家「發大菩提心，利人即利己；學菩薩萬行，福慧滿人間」。讓我們一起發大菩提心，發揚「提昇人品、建設淨土」的理念，理念的落實，則是透過三大教育的方法來完成。

諸位護法悅眾及菩薩，都是大學院、大普化及大關懷教育的護持者，同時也是接受者。社會愈是動盪，愈需要佛法；人心愈是不安，愈需要佛法。為了人人平安健康、家庭和樂、社會和諧、世界和平，讓我們共勉發起大菩提心，持續深耕三大教育，祝願福慧滿人間。

慈悲無敵，智慧無惱

法鼓山今年（二〇二二年）以「大菩提心」為年度主題，邀請大眾「發大菩提心，利人即利己；學菩薩萬行，福慧滿人間」。這樣的話，今年一定是非常好的一年，充滿希望、充滿光明的一年。

新冠疫情持續進入第三年，在迎接新年之際，讓我們共同祈禱疫情早日結束，全球人類平安健康。所謂牽一髮而動全身，疫情所衍生的個人身心、家庭問題、工作、學習上的不便，乃至社會經濟衝擊等等，都造成全球人心的動盪不安，這需要人人共同發起大菩提心、大悲願心，就必能化危機為轉機，轉苦難為安樂，一起為全人類共創新局。

從心開始，標本兼治

回顧過去一年，除了疫情之外，水災、火災等天災，也在全球各地頻發，這些無不與全球氣候暖化、大環境異常有直接或間接的關係。去年十一月於英國蘇格蘭舉行的第二十六屆聯合國氣候峰會，似乎已引起大家對大自然環境惡化的急切關注。法鼓山創辦人聖嚴師父曾提醒我們：「物質環境的保護，只能治標，不能治本；心靈環保則從人心淨化的根本做起，也唯有如此，才能正本清源。」此外，國際社會動盪不安，種種矛盾、衝突接連不斷，在同一個地球村上，大家是否能夠和平共處，不僅影響到我們這一代的安危，更關係到我們的下一代是否能夠在同一個星球上永續生存、經營。

實踐四環，關懷社會

人心愈是不安，就更需要用佛法的慈悲與智慧來安心，讓大家的心不受環境所影響，這便是心靈環保；進而以禮儀環保、生活環保、自然環保來關懷我們的社會，莊嚴我們的世界。我們常常誦念「佛道無上誓願成」，佛是福德與智慧的圓滿者；菩提心的意思，則是發願不斷學習佛陀的慈悲與智慧，而最終人人都可以成佛。如何有慈悲？從利他的發心、用心開始。待人處事，經常能夠為對方著想，少為自己來爭取。以生命同體的心量，即包容的心、寬容的心、體諒的心、愛護的心來成就他人，我們自己也將受益最多、成長最快。

慈悲無敵，智慧無惱

大菩提心是一股巨大的動力，可以永不止盡地激發生命的能量，讓我們在行菩薩道的路上，永保恆心毅力，勇往直前，直到成佛為止。

聖嚴師父有兩句法語：「慈悲沒有敵人，智慧不起煩惱。」可說是「大菩提心」的最佳詮釋。以慈悲利他，即以菩薩的六度萬行，奉獻我們自己，成就社會大眾；以智慧利己，即在利他的過程中，不斷地將煩惱消歸自心，成就無我的智慧。大菩提心，即大慈悲與大智慧，這都來自於佛法的緣起無我觀。緣起無盡故，無緣大慈、同體大悲；緣起無我故，能夠實證無智亦無得的大智慧。

大菩提心，也就是人人本具的佛心、佛性，願大家從生活中來發覺、體驗、身體力行。只要人間有佛法，我們的世界便永遠有光明和希望。祈願你我「發大菩提心，利人即利己；學菩薩萬行，福慧滿人間」。讓人人身心平安健康、家庭和樂、社會和諧、世界和平。

108 for All，為世界祈福

祈願我們的世界，和平安樂；
祈願我們每個人，平安健康；
祈願我們每個人，分享平安；
祈願我們的人間，處處淨土。

在佛門寺院裡，有所謂「暮鼓晨鐘」，即每天晚間先擊鼓後敲鐘，清晨先敲鐘後擊鼓，用來集眾共同作息之用。無論是鐘聲或是鼓聲，都有警覺人心、振聾發聵的作用。更進一層，則是代表傳播佛法，斷除煩惱之深意。

一〇八圓滿祝福

法鼓山自二〇〇七年起，每年除夕夜舉行的撞鐘祈福儀式，即是以法華鐘聲一〇八響，傳遞淨化煩惱、增長慈悲智慧的圓滿祝福。佛教行者每天要發〈四弘誓願〉，無邊的眾生有無盡的煩惱，故要修學無量的法門來度化，而成就圓滿的無上佛道。

一〇八，是佛教具有多重意義的數字，代表煩惱，亦代表智慧法門，更象徵無上的圓滿。當我們正視自己身上可能出現的身心困擾，或與外在環境互動而生的不安、緊張，所有種種的煩惱，即以一〇八煩惱象徵一切的煩惱。

一〇八，也代表超越一切煩惱的一切方法，稱為一〇八法門，而每一法門各有對治的煩惱。這無非是要我們在成就利他的慈悲中，開發無我的智慧。因此，修學佛法的過程，一定是福慧兼修、悲智雙運，到成佛的時候稱為福慧兩足尊。

此外，一〇八，也有圓滿無礙、殊勝吉祥、法輪常轉的意思，如佛經提到的誦經持咒一〇八遍等，都有圓滿、殊勝而正法久住的意涵。

當我們的心念專注於聆聽鐘聲，當下就能減少煩惱，而多增長一些慈悲與智慧，此時更能與《法華經》的核心精神「人人皆有佛性，眾生皆可成佛」相應，以生命同體的宏觀，祝福眾生安樂、世界和平。

從佛法的角度看，人類自身的存在稱為正報，我們賴以生存的大自然環境則是依報。疫情的發生與流行，代表我們的依報環境有了問題，而環境的問題，根本在於人心。治本在於治心，僅僅依賴科技來解決，永遠是不夠的。我們亟需保護地球環境，並與其他有情眾生共生共存。疫情仍然在發展中，除了做好公共衛生的防護之外，人人都可以運用「四它」的智慧，因應工作及生活中所遇到的種種困境，提起佛法的慈悲和智慧來安心、安身、安家、安業，更重要的是分享平安。這便是初發願心，願自己成長，願眾生安樂。

善的循環，生生不息

法鼓山創辦人聖嚴師父曾說：「我們所處的世界是很脆弱的、無常多變的，但是在危機四伏中，又充滿著希望和溫暖；在多災多難的衝擊下，又可見到『處處是芳草』的景象。只要有心，我們便有力量布施。」願每個人都能為這個世界貢獻善的力量，則危機即是轉機；只要轉念，人人的心向善，而大家的言語、行為與善心、善念相應一致，善的力量就能發揮出來。

個人的力量雖渺小，當有更多的人發起善願、善行，就會形成一股善的循環，此起彼應，生生不息。而在眾生同體的平安祝福中，相信我們的世界一定是平安、溫暖，充滿著希望。

第三篇

時時鍊心
最平安

全方位修行的「心六度」

佛法有一關鍵字，稱為「度」，是到彼岸的簡稱，其梵文為pāramitā，音譯波羅蜜，意思是超越；不僅要讓自己超越生死煩惱，也要幫助他人超越生死煩惱，也就是自度度人的意思。如何將「度」落實在生活當中呢？就從「心六度：深度、寬廣度、長度、細度、溫度、高度」開始。

一、深度：意指學佛者對佛、法、僧三寶的大信心。修學佛法的信心，比如三十七道品的五根、五力，都將「信」置於首位。初機者的信心則可透過每日定課的點滴累積來修學，就像掘井一樣，漸漸地可以深掘探源。當這口井打得愈深，基礎愈堅固，即使遇到阻礙，也不會輕易退轉。

二、寬廣度：此有兩層涵義。其一是提起眾生的「廣度」，亦即六度波羅蜜中的精進度與布施度。大精進心是精進於廣度眾生、廣結善緣的大布施行，為了利益眾生而精勤努力。只要眾生有需要，不計較難易與貴賤，能做的就做，不會的就學，盡心盡力奉獻。如此，在無形之中也開發了自己的潛能。其二是放下自我、開闊心胸的「寬度」，遇到任何事情，都能以寬廣開闊的心態，來面對、接受、處理，進而放下。如聖嚴師父說：「山不轉路轉，路不轉人轉，人不轉心轉。」

三、長度：指長遠心。所謂初發心容易，長遠心難持。長遠心，也可說是一種忍耐心、忍辱度。既已聽聞佛法，發願行菩薩道，那就不是只有這一期短暫的生命而已，而是多生多劫行菩薩道，直到成佛。而在行菩薩道過程中，可能會遇到狹路、彎路，或是停滯不前，甚至倒退。此時，唯有提醒自己再發願、再提起長遠的恆心、毅力，始能鍥而不捨地步步向前。

四、細度：是細緻、安穩的定力與智慧，是用來觀察無常、無我、空的洞察力；相當於六波羅蜜的禪定度與智慧度，從修行漢傳禪法而言，則是定慧等持的工夫。現在社會上的各行各業都講究專業，專業就是一種細度。

工作愈有細度，其產品的附加價值也就愈高。時代、科技和社會脈動都是不斷在變化，所以各自的專業度，也需要時時提昇。修行也是一樣，須精益求精，日常佛法的修持，有閱藏、禪修、念佛、拜佛、打坐、持咒等方法。心愈是安定，就愈有智慧能觀察自己的起心動念，對菩薩行者而言，也愈能體察到眾生的需要。

五、溫度：即指大慈悲心，是一種熱切為眾生、與樂拔苦的慈悲心，相當於六度波羅蜜的持戒度。小乘的別解脫戒，重於「有所不為」；大乘菩薩戒，則是要「有所為」。慈悲的力量，能讓我們同理他人的苦痛，隨時用溫暖的存心與態度，關懷他人。「四攝法」中的布施、愛語、利行、同事，都是「溫度」的表現。所謂的同事，不是上對下的同情，而是平等的同理、同行。如果我們能用平等的慈悲心與他人同事、共行，就能做到真正的關懷。

六、高度：是大菩提心、大菩提願。一般所謂步步高陞，通常是希望取得財、勢、名、利、位增長的成就，這是有漏世間法的高陞。而修行佛法是否也要步步高陞呢？也要的，那是「佛道無上誓願成」。「無上」即是最高無上的佛道，也就是以佛陀為榜樣，來勤修福德、智慧，是願成佛、度眾生，臻達圓滿無上菩提的高度。

愈是不安的年代，愈需要用全方位佛法修行的「心六度」，來安頓自己的身心，並將自己體驗到佛法的好分享出去，則必能產生安定個人、家庭、事業，進而關懷社會、淨化人心的力量。祝福大家經常練習全方位修行的「心六度」，隨時隨地自度度人，自安安人。

鍊心三層次

大乘佛法的修行，是以利他來完成自利，故修行的法門可分為自利與利他兩大類。為了自利，需要一門深入；為了利他，則須法門無量誓願學。而以建立正確的佛法知見與練習禪修的方法來提昇、淨化自己，才有利他的資糧。因此，所謂的「鍊心」，即是建立正知、正見的禪修觀念，並不斷練習修行的方法，來達成自度度人的目的。

佛法的正知正見，是指佛法的三個特質，即「諸行無常、諸法無我、涅槃寂靜」三法印。無常，是一切世間法外顯的現象特質，若能夠細心觀察、體驗身心世界的生滅無常，便能夠徹底認識諸法的內在本質——無我、空，進而透過正確的修行，便能實證苦的究竟解脫——涅槃。一般人雖也多少知道生命無常，卻經常隨著無常輪轉而無法出離。若用心觀察無常的世間，則無常法本身可以成為出世的解脫法。對初機行者而言，雖要學習認識無常、體驗無我，但一開始我們需要有寧靜的心。而要體驗心的寧靜，則需要有方法，稱之為鍊心；鍊心目的，是為了認識自我，成長、提昇自我，乃至消融自我。

鍊心的過程，可分為三層次：初如「井水」，進如「湖水」，深如「海水」。

一、井水：初學的行者體驗修持，有如掘井探水。在此階段，如果同時挖鑿三、四口井，那麼每口井挖掘的深度是有限的，不一定足以引水、蓄水。倘若以同等的力量專致於開鑿一井，則可能直探地底的活水泉源。

很重要的一點，掘井打水，要先給水，才有可能汲取源源不絕的井水。同樣地，要從方法得到受用，必須先投資修行的「資本」，以鍥而不捨的「耐心」，一而再、再而三地不斷「練習」。

二、湖水：當修行初期已有著力、得力處時，妄念、雜想便能逐漸沉澱。所據的原則是戒、定、慧三學的次第。戒，是自我守護，不往心湖投擲石瓦，不使湖面生波盪漾。禪修期間，我們通常會代學員保管手機，因為現代人常是人手「一機」，甚或「數機」，很是便利。但於禪修期間，時不時看手機，就如投石於水，難免心湖生波。當我們避免投石生波之後，透過禪修的觀念與修行方法，湖面不生波，方法也能用得上，雜質沉澱、水質澄清，此時就會與定相應。

不過，究竟而言，所謂心湖生波、心生漣漪，湖水是心，波浪也是心。禪者以心看心，修行的方法是心，所觀察的對象也是心。而從多心、雜心，漸漸訓練成單純的心，剩下只有能看與所看的「二心」，工夫已算是不錯了，若能臻至身、心、境的統一——「一心」，那就更好了。

三、海水：是指智慧、慈悲的廣深如大海。大海無所不包，無所不容，就是慈悲；觀大海全波是水，體驗全妄是心，即是智慧。鍊心的過程中，慈悲心與智慧心便會不斷地開發出來。修行禪法達到統一心，並將「一心」也放下，達至「無心」時，則能體驗到無智亦無得的「智慧如海」。

無論是哪一階段的鍊心，都需要有鍥而不捨的耐心與恆心，才得以成就。禪宗六祖惠能大師初聞《金剛經》的「應無所住而生其心」偈子，當下頓悟「本來無一物」的自心本性，實則是宿世修來的利根與善果，從長遠看，也還是漸修而來的。我們一般人不一定會有像六祖大師一樣有與生俱來的利根，但只要付出耐心，持之以恆，透過親近善知識、多聞熏習、如理思惟、如法修行，終必能一嘗法味。

行解相應，活用佛法

有不少菩薩跟我分享，聖嚴師父的「四它」法寶——「面對它、接受它、處理它、放下它」很有用，幫助他們克服、超越人生的困境。事實上，「四它」的每一個步驟，都來自佛法的智慧，我們可以好好善用，特別是在「處理」的時候，要能夠分辨哪些是能夠處理的、哪些是不能處理的？然後以自己目前所擁有的資源、能力及因緣條件，積極處理可以處理的部分；不能處理的部分就放下，等待以後的時空因緣再說。

現在最重要

有一句話說：「生年不滿百，常懷千歲憂。」我們要用心，但多餘的擔心是不必要的，把心放在「現在」最重要。師父告訴我們，「現在」是最真實、最親切、最完整、最美好，也是最新鮮的。對於過去，應記取經驗，但沒有必要停留在過去的輝煌或悔恨之中；對於未來，以願力、以行動來實踐願景、計畫，來取代空洞的想像或無謂的擔心、憂心。若能經常以現在心、以「四它」的智慧，來面對和處理人、事、物、環境等種種問題，並隨時用慈悲心來關懷他人，每一天的生活必能少煩少惱，充滿禪悅法喜。

少欲知足、奉獻利他

佛法雖有深淺，然而學佛最重要的，是在生活中加以實踐運用，與師兄、師姊的「同儕學習」，也很容易做得到，很有用的。當然，經常向善知識、大德學習也非常重要。聖嚴師父的著作《法鼓全集》深入淺出，將浩瀚如海的佛法智慧，轉化為一般讀者可親近的平易文字，能夠幫助我們實際地運用佛法；即使是生活佛法類文章，看似淺顯，其實蘊意很深，我每看一次，常有不同的體會。

比如師父勉勵我們要「少欲知足」：「為了個人的私利，應當少欲知足，安自己的心。為了眾生的福利，必須盡心盡力，安他人的心。」但是如果僅僅著重「少欲」，會讓人缺乏動力，變得很消極，甚至一知半解地以為：既然要少欲，一日吃一餐即可，也不必努力工作掙錢，只要到山裡閉關修行就好了。其實真正的「少欲知足」，是要我們放下對「五欲」等物質欲望的追求，因為這是煩惱與執著之所源，與清淨、精進的修行不相應；但為了成就眾生，卻須積極努力。換句話說，對於個人的私利、私欲，要少欲知足；對於利益大眾之事，則要積極奉獻，也就是學習諸佛菩薩「成熟眾生，莊嚴國土」的願行。

學佛、修行，雖有聞、思、修、證等的層次，而實踐是最重要的。例如我們常聽到「解行相應」、「解行並重」，但師父則勉勵我們要「行解相應」、「行解並重」。當透過自己的實踐，反覆閱讀聖嚴師父的著作時，便能夠層層體會其中的奧義與智慧。從修學佛法得到益處，以佛法感化自己，用行為來感動他人，這就是在發菩提心、行菩薩道。

無底的垃圾桶，無塵的反射鏡

平日常有不少人前來金山的法鼓山世界佛教教育園區參訪，園區面積並不小，但不太容易在這裡看到一片垃圾。這除了是我們的理念與宣導之外，有一個滿重要的措施是：在這裡，我們盡量不放置垃圾桶，特別是公共區域。

人們的內心中，是否也需要有垃圾桶呢？聖嚴師父勉勵我們：「要做無底的垃圾桶，要學無塵的反射鏡。」但如何理解這兩句話？如何做到呢？

接納一切，放下一切

所謂「無底的垃圾桶」的「桶」，意指能夠接納、涵容一切，即是大慈悲；「無底」則是不留痕跡，是放下的大智慧。「無塵的反射鏡」的「無塵」，象徵佛菩薩清淨、不動的心；「反射鏡」則是佛菩薩有大光明、大功能的心。這兩句話，是鼓勵我們要學習佛菩薩的大慈悲與大智慧。

這很類似修默照禪的功能：清清楚楚一切的存在，返「照」一切的因緣變化——「鏡」前的萬象紛飛；而一切的一切又是寂靜不動的——「無底桶」、「無塵鏡」、「默」。

從佛法的因緣果來看，因果的現象是暫有的，而因緣的本性、自性是空的，因此可稱為「因緣有而自性空」。所以在任何因緣之中，我們要學習接納一切、盡心盡力成就一切眾生，這就是在成就弘法利生的事業，但對於任何的成就、成果則一無所求，也就是放下一切，那就可實證無我的空慧。就如師父遺言中的〈末後偈〉所言：「無事忙中老，空裡有哭笑，本來沒有我，生死皆可拋。」

師父一生，為了弘法度眾，創建法鼓山教團、興辦教育、指導禪修，產生的影響力十分深遠。師父以生命實踐佛法，並以身教、言教示範我們，建設人間淨土；因此，一定要相信有佛菩薩慈悲與智慧所成就的佛國淨土，我們也希望將來能往生佛國，但在此之前，必須先修習善根福德因緣，也就是效法佛菩薩的悲智願行來建設人間淨土。在自性空的因緣法中，也會有種種的歡喜、快樂與哀愁、悲傷，這些種種弘法利生的佛事，都是用來成就我們的慈悲行；然而這些也都要放下，便是在成就我們的智慧心。

感化自己，感動他人

但是，若只聽聞佛法的理念與觀念，而沒有在生活中展現出來，就不容易發揮自利利人的功能，可能就會感到佛法雖好，但不夠好用、不夠實用。因此，需要學習「四感」——感恩、感謝、感化、感動。對任何人，在任何情況，都抱持著感恩、感謝的心，並隨時隨地以佛法的智慧——自性空，來感化自己；隨時隨地以佛法的慈悲——因緣有，來感動他人。總的來說，可濃縮成兩句，以「做無底的垃圾桶，學無塵的反射鏡」做為生活的著力處，來實踐、學習佛菩薩的大慈悲、大智慧。

世間也有世俗的智慧，但那是有漏、有缺陷的，佛菩薩的智慧則是清淨、圓滿的。我們知道從初發心到成佛，需經過三大阿僧祇劫的修行歷程。我們也聽過禪宗六祖惠能大師的故事，他一聽到《金剛經》句偈「應無所住而生其心」，當下即開悟，其實六祖大師也是多生多劫修行，今生才能有此成就。我們不必羨慕別人，只要一步一腳印，踏踏實實地在每天的生活中實踐佛法，這就是最好的修行。

大家知道，觀世音菩薩不只三十二種化身，而是有千百億化身。如果能在生活中，將所遇到的每個人都當成是觀世音菩薩的化身，常常練習接納一切、放下一切，漸漸就能在待人處事中，與「無底的垃圾桶、無塵的反射鏡」的悲智精神相應，自己也能夠化身為觀音菩薩，時時處處在護持、照見眾生。

身心要定期保養和維修

佛法告訴我們「世間無常」，也就是無常的事隨時隨處都在發生，既然知道無常，就需預先做好防範。比如一般建築設施或是車輛，都會做定期保養和維修，以保障使用上的安全。

其實，我們每個人的身心，也都要定期保養、維修，如何做呢？

第一，最簡單的方法是念佛，將我們的心安住在阿彌陀佛或是觀世音菩薩聖號上。菩薩是代表正在修持慈悲、智慧的人，佛則是悲智圓滿者，當我們念佛時，心就會有寄託，就能感到平安。無論是自處或待人處事，若能經常提起慈悲心、智慧心，就會感受到隨時隨地與佛菩薩在一起。

第二，心安就有平安。在任何狀況下，照顧好自己的心，隨時隨地對心裡的念頭清楚，對身體的行為、動作清楚，做事就不會疏忽，不容易出錯。

第三，正面解讀，逆向思考。我們日常生活中的人、事、物、環境種種現象，可說都是每個人的自心所現。《華嚴經》云：「若人欲了知，三世一切佛，應觀法界性，一切唯心造。」《大乘起信論》也說：「心生則種種法生，心滅則種種法滅。」《維摩詰經》則告訴我們：「心淨則佛土淨。」看別人像菩薩時，是因為我們心存菩薩心；看別人如妖怪、魔鬼，那是因為自己的心充斥著煩惱與不平。歸根究柢，外境只是助緣，主因是自己，最終還是得回到每個人的自心，也就是心靈環保——心靈環境的保養和維修。

釋迦牟尼佛看娑婆世界是淨土，我們學佛，就是要學習佛的存心來看世間，透過佛法觀念的疏導和方法的練習，來學習佛的慈悲與智慧，「以慈悲心待人，時時有平安；以智慧心安己，處處得自在」。

第四，拜懺淨化身心。如《佛說八大人覺經》所說：「發大乘心，普濟一切；願代眾生，受無量苦。」我們每個人不僅要修行，也要代一切眾生來拜佛、禮懺，並將功德迴向給一切眾生，這是對人最好的祝福，也是對自己最好的修行方式。

懺儀的經文都在告訴我們因果法、因緣法，因果是「有」，要努力；因緣是「空」，對於結果要不執著、放下。努力學慈悲，放下得智慧，透過拜懺修行來學習佛菩薩的慈悲與智慧，目的是要淨化我們自己的身心，也幫助他人淨化身心。當然不限於拜懺期間，日常生活中會做錯事、說錯話、動壞念頭，故要經常懺悔、省思，來讓我們的心經常在安定、清淨之中，那必能產生改變自己、影響他人的力量。

我個人的日課之一，是每天就寢前拜佛三百拜，一邊拜一邊觀想觀音菩薩就在我面前，同時也是一種禮懺。勸請大眾也能為自己訂下每日定課，細水長流，聚少成多，積沙成塔，漸漸就能感受到修行的禪悅法喜。

安心自在有方法

一般人的心，很容易受到種種人、事、物外境的影響而起伏波動，甚至已經學佛的人，也知道無常的道理，但一遇到自己或親友發生事情，往往還是無法面對、放下。當我們的心感到不安時，佛教有很多方法教我們如何安心，例如念佛、誦經、禪修、持咒等，在共通的基礎層次上，這些皆屬於修定的法門，比如：持誦《心經》、〈大悲咒〉等則是佛教徒相當普遍的定課。

安心修定的方法

持咒有二層意義，一層是重在達成修定、安心的目的。持咒的時候全神貫注，能使我們向外散發的注意力收攝、集中起來，雜念自然減少。持咒，不一定要了解咒語的意涵；專注於咒語的音聲，即能達到修定的功能。當然，若為聞思理解，能進一步了解咒語的意涵也很好。

另一層是宗教體驗和信仰的功能。行者經由專注唱誦咒語，而與諸佛菩薩的慈悲願力感應道交，或是經由宗教體驗讓個人的氣質與人格產生正向的變化。故正信學佛者的正知、正見、正行非常重要，從禪宗來看，宗教經驗的功能是要達成身心的健康與清淨，進一步能夠明心見性，而非要人去執著所謂的神祕經驗。

佛教徒共通的修行之道，是戒、定、慧的「三無漏學」。戒是生活行為的準則，亦即止惡行善；進一步是心智的訓練，主要透過禪定方法的修持，將散亂的心集中起來，然後達成統一心，這才能夠進入禪定的階段。

痛苦根源來自我執

能夠達到禪定，已經很不容易，但這還不夠。一些比較高級的宗教，多少都有禪定的修行，佛教修持禪定，是為了無我智慧的開發。要產生智慧，則需破除每個人根深柢固對自我中心的執著。法國學者笛卡爾（René Descartes）說「我思故我在」，因為思考，所以證明我的存在。然而佛法中，無常、無我的道理告訴我們，這個所謂「常」或是「我」的主體，不論是人或者是神，卻是真正問題的所在，因為產生問題或痛苦最根本的來源就是「我」。真正的智慧，一定要消融這種以自我為中心的根本執著。

無我，不是什麼都沒有的斷滅見，而是一切都在，但是其中沒有「我」在的智慧。只是凡夫眾生無不生活在有「我」的世界裡，人類文明也是從有「我」的基礎來累積、推進的。有「我」的思考，並不是那麼壞，從「有我有他」開始，進一步「無我利他」。如果不用「我」來思考，人類生活的層次，低則可能會淪於過著動物的本能生活，高則與不聞人間煙火的神仙相近，而這些都不是佛法修持的目標。因此，聖嚴師父教導禪修是從有我開始，透過聞、思、修、證的次第，逐步邁向無我。

有戒的基礎、有禪定工夫，再開發無我的智慧，是比較穩當的修學次第。

享受呼吸好平安

觀呼吸，是最容易、最簡便、最自然的修行方法。原則上，呼吸的方法也不需要人特別教，不需要刻意學。呼吸是隨時、隨處、隨手可得的，因為只要是活著的人，從日到夜、從生到死，呼吸一直跟我們在一起。

佛法告訴我們，人的生命，主要是由壽、煖、識三要素所組成。壽是壽命，即一期生命的長短。煖是體溫，透過攝取地、水、火、風四大的營養來維持代謝。識是意識，可再細分為心、意、識。「心」是心念，指一般能夠思考的第六識；「意」是我執，是一種執著自我中心的存在，又稱為第七識；「識」，一般又稱為「神識」，是最深奧的，即《八識規矩頌》所說「去後來先作主公」的第八識。一般人叫作靈魂，佛教不以為有永恆不滅的靈魂，「神識」只是一種不斷遷流，造業受報，而方便安立的生命主體。

其中，維生的根本條件是養分與呼吸，而又以呼吸更為重要。一般人即使三天不進食，勉強還可生存，但是超過三分鐘沒有呼吸，基本上腦細胞已嚴重受損，維生就非常困難了。

因此，呼吸法也受到佛教以外各宗教的重視，也被視為與養生有關。聖嚴師父指導禪修入門時，最常用的方法即為數息、隨息，從放鬆身心來感受我們的呼吸，從呼吸來調和我們的身心。其實，單純地體驗呼吸是非常享受的一件事，可以稱作享受呼吸。如果這個方法用得好，能夠從攝心、專心甚至進入一心，循次漸進由定發慧。

數息有方法

數息的方法，是以吸氣、吐氣為一次呼吸，吸氣的時候，知道自己在吸氣，不需要做任何事，等到呼氣的時候才數。每次吐氣，數一個數目，從一數到十，再從一開始。數息觀的要訣，是保持自然的呼吸，避免去控制呼吸。但是有些人方法用不上，往往害怕吸氣時不數，在這空檔期間會生起妄念，因此呼氣、吸氣都數，好像連心臟都在呼吸了；或者呼氣尚未出來，就已經開始數數了，也有人數息太過用力。這些原因，都會造成控制呼吸。

所以，數息訣竅在於先自然地體驗呼吸，輕鬆地感覺吸氣時，於鼻端前有空氣流動的感覺，吐氣時再數數目字，吸氣時則保持放鬆、空靈，不用數。要訣是：先知道呼氣從鼻孔出來一些些，然後再數數，注意力在數數上；數的時候，重在清楚每一個數目字，但不能夠太緊、太用力，也不去管呼吸的長短變化。知道從這一個數目到下一個數目都是正確無誤；一發現數數有錯亂時，馬上從頭開始數。如果發現自己又開始控制呼吸，就放掉數字，重新回到體驗呼吸，讓自己恢復到自然呼吸的狀態，感受氣息從鼻孔出來後，再輕輕地開始數息。

觀息悟無常

清楚地覺照呼吸，能使我們逐漸收心、攝心、安心。一般人往往過於忙碌且心念紛雜，也沒有覺察身心的工夫，經常處在消耗心力、能量而不自知。我在日本留學期間，經常看到「過勞死」的報導，但現在臺灣也已經不是新聞了。所謂過勞，單就個人身心健康而言，就是體力、心力過度消耗，沒有好好地照顧身體，猝然地失去生命。

禪修，即是透過調身、調息、調心的過程來鍛鍊我們的身心。這首先要有適當的飲食、睡眠及生活作息，來調和我們的身體；再透過觀察身體的覺受以及心念的活動，來調我們的心。

四念處裡有「觀心無常」，三法印有「諸行無常」，從觀呼吸的不斷變化進入「無常觀」，是非常容易得力的門徑。因為身、息、心三者相互連動，呼吸有很穩定的律動，正好介於身與心之間。身體動作的變化，粗而慢，不容易做為觀察無常變化的對象；心念的生滅，細而快，一般人很難警覺到它的無常變化。常人一分鐘大約有十五次呼吸，每四秒鐘左右就有一次呼吸的變化，是非常容易觀察到的。任何人身體狀況的好壞，會隨時反應於呼吸上；心情的波動乃至心念起伏的行為，也都會隨時反應、影響到呼吸。調息既可調身，也可調心。因此，數息觀甚至是單純地觀呼吸（隨息），都是非常實用的修行方法。

因為有呼吸，我們才得以維持生命的存在；透過調息的媒介，我們可以連結身心、調和身心；透過細心觀察呼吸，可以體驗心念的無常變化，而深觀無常，則可進一步領悟到佛法的無我空慧。

時時念佛有平安

修行的方法很多，有一個人人會用，隨時可用的簡便方法，就是念佛法門。多數人平時是怎麼念佛？是念哪個佛號？我自己經常持念的是「觀音菩薩」四字佛號，我稱它為「三三二二」念佛法。

三三二二念佛法

一般在念佛共修時，經常持誦的是四個聲調的四字「阿彌陀佛」佛號。但個人自修時，要如何念較好？

印光大師曾經教導大眾「三三四」的念佛方法。分三氣來念，第一氣念三聲佛號，第二氣再念三聲，第三氣則念四聲佛號，加起來總共是十聲佛號。而我體驗的「三三二二」方法，則是把最後的四聲佛號，拆成兩次的兩聲，加起來也是十聲佛號。為什麼要將最後的四聲佛號拆成兩次呢？原因是人的短期記憶，三次是最好的，超過三次，就容易混淆。因此，將最後的四聲佛號拆成兩次兩聲，更能夠清楚地知道自己在念佛。

念的時候，不必配合呼吸，也不用出聲念，稱為默念、意念或是金剛持。為了避免錯亂，也可以讓佛號有些變化，比如每一組的第一聲稍用點力，就好像音樂加一點重音那樣，其他的佛號就可放鬆一些，讓每一組佛號都清清楚楚；念「三、三」的前面兩組時，有時候會忘掉是念第一組或第二組；念「二、二」的後面兩組時，錯亂的機會非常少。最近我採用：平——弱——平（三）、平——弱——平（三）、平——平（二）、平——平（二）方式，能夠將每次的十聲佛號念得清清楚楚，是很簡單又實用的方法。

日常念佛與臨睡念佛

念佛法門，是隨時隨地、任何時間都可以用的。當我們在做簡單、單純的工作，或者走路的時候，可只念一組的兩聲佛號就可以，方法同上。有空可以專心念佛的時候，則用三三二二的方法將佛號念得清清楚楚。需要專心做事的時候，就專心做事，想像此時的佛號就好像是潛於水面下，猶如在下意識那樣，內心裡的佛號聲仍然不間斷，當做完事之後，又繼續把佛號提起。這裡舉的例子是「阿彌陀佛」佛號，當然也適用於念「觀音菩薩」或「地藏菩薩」等佛菩薩聖號。

通常在做簡單家事時，我們的手或腳，可能會有一定的律動，此時可以配合身體的動作來念佛。比如平常走路，或以快走運動時，可以配合用「二二」的方式來念。臨睡前，我會配合掐兩手的手指來念一百聲佛號，左手負責計三三二二，右手負責計每念完一次的十聲佛號。比如念完第一組的「三」時，掐左手大拇指，第二組的「三」掐食指，第三組的「二」掐中指，第四組的「二」掐無名指。隨後，掐右手的大拇指，代表已經念完第一次的十聲佛號。念完一百聲之後，就不必再計數，放鬆地念就可以，直到自然入睡，而隔天早晨，也會很自然地從念佛意念中甦醒。

一般人的念頭，轉動得很快，如果沒有用特定的方法念佛，稱為散心念。只念一句「阿彌陀佛」的話，最多專注念個三、五分鐘，心就會失去所緣的佛號。雖然愈是高階的修行，方法愈是簡單，但對於剛入門的人，當方法很簡單時，專注力往往會被妄念、雜念所打消，而沒辦法真正用上去。用相對複雜一點的方法，則能幫助我們攝心。因此，這一個漸進式的念佛方法，可以完全用意念來念，不必出聲，不必配合呼吸，隨時隨地都可以練習，既不費力，且能清清楚楚地用上去。

效法大地的報恩法門

從小生長於農村的我，對土地、大地有一份特別的感情，幾乎從早到晚，無論食、衣、住、行所接觸到的都是大地。

出生時住的房子是土角厝，上小學是赤著腳走在鄉間小路上；家裡也曾經種植用來織布的黃麻，我跟著大人們到田間將成熟的黃麻皮剝下，黃麻桿可以當材燒，切斷劈成四片後，可以當方便之後的衛生紙用。此外，小孩子可以拿它當作玩耍用的「打仗」工具。

講到玩耍，控窯仔灶、打陀螺、打彈珠等，都離不開土地與泥巴。當然大人們也會逮住我們這些好玩的小孩，帶到田裡學做各種農活，從最簡單的割草餵牛，到照顧秧苗，種玉米、甘藷、落花生等各種作物，不計其數。

記得有一次自家種的小白菜吃不完，父親便派我騎著腳踏車載菜到鄰村去兜售。而當時父親開的是村裡唯一的一家碾米廠，我對有關米的記憶就特別深刻了。

鄉間的田地，幾乎可以生產一切，有了土地就代表有了一切。於是人們在村莊的角落、農田的一隅，祈求三山國王、土地公、土地婆，守護大家的土地平安，五穀豐收、風調雨順、國泰民安。

效法大地，無我利他

因為身為農家子弟，對土地的感情特別深，於是大學選擇就讀農藝系，沒有想到後來會進入農禪寺，但似乎順理成章地，與「農」的因緣就一路順了下來。

東初師公老和尚從大陸來臺，興建農禪寺上院——北投中華佛教文化館，並畢生修持地藏法門。聖嚴師父也選定地藏菩薩聖誕日，做為每年的剃度大典舉辦之期，勉勵出家僧眾學習地藏菩薩大願報恩的精神；此外，幾乎每期禪七，師父都會教導禪眾感恩大地，向大地學習。

《地藏菩薩本願經》中，佛陀對地藏菩薩說：「閻浮土地，悉蒙汝護，乃至草木沙石，稻麻竹葦，穀米寶貝，從地而有，皆因汝力。」又在該經的〈分身集會品第二〉中說，地藏菩薩可化現千百億分身：「或現男子身，或現女人身，或現天龍身，或現神鬼身，或現山林川原、河池泉井，利及於人，悉皆度脫。」可以說，整個大地是地藏菩薩所變現，所有的土地護法神祇，都是地藏菩薩的千百億化身。

因此，所有的大地就是「地藏」。「地藏」的意義，是大地含藏萬物，也即是承載、涵容、生長、滋養萬物之意，大地無條件地接納人類製造的垃圾和廢棄物，並轉化為養分、成長作物，供人類取用，人人應效法大地這種無我利他的精神來利人利己。這如同聖嚴師父教導的「心如明鏡，身如抹布」、做「無底的垃圾桶、無塵的反射鏡」一樣，隨時隨地向內觀照，煩惱消歸自心，如明鏡一般無塵；身能忍辱，拭除眾生的煩惱，所以像抹布一樣。

地藏的功德，則是報恩的實踐。久遠劫前，地藏菩薩曾為光目女，為了救度墮入惡道的母親，發願廣修供養以報親恩。然而《地藏經》說：「一切聖事，七分之中而乃獲一，六分功德，生者自利。」我們修行的功德，只有七分之一能使先亡眷屬及眾生受惠，這表示在生者親自修行、體驗佛法的意義更為重大。因此，修持的心態，應如《梵網經》所說：「一切男子是我父，一切女人是我母。」視一切眾生為親眷，以佛法的慈悲和智慧來幫助眾生。

恩德如流水，水往下流是常態，而我們要向已逝的親眷報恩，則如水向上流一樣地困難。那要怎麼做呢？應將所有眾生視為眷屬，做為報恩的對象；況且只要因緣成熟，已往生的親屬，也可能乘願再來，共創人間淨土。因此，積極培育佛教人才，使佛法代代傳承，讓人間永遠有佛法，便是「水往下流」的意義所在，這才是真正的報恩，也是最務實的報恩。

地藏法門的四心要領

簡而言之，修持地藏法門要有四心：發「大願心」、「菩提心」，將自己修學佛法的功德迴向給我們的先亡眷屬；以「平等心」、「慈悲心」，將功德迴向給一切法界眾生。當我們經常提起這四種心，自我的執著就會一分分減少，內心的淨土也就一分分開發出來。

修持地藏法門，也等同在修淨土法門。淨土法門除了相信有西方極樂淨土，也要在現世的生活中建設人間淨土。至於如何建設呢？便是效法地藏菩薩的大願報恩精神。

所求願滿的〈大悲咒〉法門

早期農禪寺僧眾，包括我自己在內，有不少果字輩法師，是因參加聖嚴師父主持的禪七進來的。從禪七、佛七，而後有週六晚間的念佛會、週日上午的講經法會以及下午的禪坐會。最早的課誦，都是師父親自教的，後來因為師父法務忙碌，於是禮請廣慈老法師來教導讚偈、三時繫念和大悲懺法會的唱誦。

我最初學〈大悲咒〉，約一個月時間背了起來。記得有一次，為了擔任大悲懺維那，獨自一個人跑到臨近鐵皮屋外殿的小書庫練習唱誦，感動得痛哭流涕，久久不止，但似乎頗有受用。

法鼓山是弘揚漢傳禪佛教的觀音道場，以禪法來接引西方歐美人士，有一定的方便性。因為禪修的宗教性格比較淡，容易接引不同文化背景的人，當西方眾領略禪修的益處之後，也會去理解背後的教理，與宗教信仰產生連結。華人則多半從信仰入手，如以觀音信仰等，再進入鍛鍊自心的禪修階段，達到師父於法鼓山園區大殿匾額所題的「本來面目」——見性成佛的層次。

一門通則門門皆通

漢傳佛教的觀音法門，主要可分為八種，包括持誦觀音菩薩聖號、〈普門品〉、〈六字大明咒〉、〈白衣大士神咒〉、《延命十句觀音經》、〈大悲咒〉、《楞嚴經》耳根圓通法門、大悲懺等修持方法。如何選擇適合自己的法門呢？就看自己對哪一種方法比較相應，最好能夠持續一門深入，等到工夫成熟，便能一門通，門門皆通。

在此特別介紹〈大悲咒〉的修持方法。〈大悲咒〉與法鼓山的因緣很深，法鼓山園區就是三十多年前，聖嚴師父與信眾一起持誦二十一遍〈大悲咒〉而感應覓得。〈大悲咒〉即《千手千眼觀世音菩薩大悲心陀羅尼》，它的功能，主要是覺悟與拔贖現世疾苦。

千處祈求千處現

從信仰的層次，持誦〈大悲咒〉達到專心一致，能與觀音菩薩「千處祈求千處現」的悲願相應而所求願滿。然而，就修行的層次而言，大乘佛法非常重視菩薩道，也就是要對眾生起慈悲心，如果能做到為眾生的利益而修持，那是最好的。換言之，就是發心自己未度先度人，未成佛道，先結人緣。

〈大悲咒〉的修持方法，也是一種音聲法門。出聲念或者唱誦，比較容易專注攝受；如果只是默念，攝心效果較易打折。因此，參與大眾共修好處多，個人的修持就像是一盞燭光，雖有光亮，畢竟有限，共修則如眾多燭光聚集一處，不僅倍增明亮，也能讓更多人享受光明。又好比綑綁多根竹子編成竹筏，可用來乘載運行，此與單一的竹枝相比，功能完全不同。因此，在個人修持工夫尚未安穩之前，參加共修是最可靠的方法。

無論是參加法會或是其他共修活動，都須將修行功德迴向給一切眾生，目的是為了消融自我。從利益眾生的初發心，達到消融自我的過程，都是修行，都有功德。

正信修學觀音精神

——觀音法門的次第

我最初學習觀音法門，是從拜觀音開始的。

記得大學時期曾經加入佛學社團，在暑假時，跟著大家到南投埔里蓮因寺，參加懺雲老法師所主辦的齋戒學會。懺公老法師所親畫的西方三聖像非常莊嚴，而我求學時期，常以禮拜觀音菩薩做為定課。

大學畢業後，立即到農禪寺當行者，打算走出家修行的路，沒有回過俗家。直到要服兵役前，必需有戶口名簿才能向兵役單位報到，不得不回家一趟。回家後，每天忙於農事，但也利用空閒時間都在拜觀音菩薩。鄉下一貫道信仰非常盛行，隔著小路的一戶鄰居是非常虔誠的道親，雖然平常與我家互動不多，但一知道我打算出家的消息，馬上很熱心地邀請我前去作客，說現在是「道降火宅」，在家正好修行。感恩觀音菩薩護佑，我出家的信心沒有受到動搖。

從集訓中心分發到澎湖的海防警備連隊之後，我很快找到營區附近一間小寺院，很高興可以常常在傍晚時分去做課誦，相信這都是觀音菩薩的護佑所致。現在拜觀音，則常以法鼓山的祈願觀音菩薩做為觀想的對象。總之，數十年來，我拜觀音菩薩的習慣從未間斷，若說修行的話，我是從拜觀音入門的。

二〇〇六年底，聖嚴師父在紐約東初禪寺宣講觀音法門，提出學習觀音法門的四種次第：念觀音、求觀音、學觀音、做觀音。

一、念觀音：時時刻刻念佛、念觀音菩薩，不必一定要有特定的目的。念觀音菩薩時，很容易讓我們的心安定下來，這是非常簡單、容易、有用的修行法門。

二、求觀音：記得二〇一八年，有一次我從法鼓山園區的七棵雀榕下走過，聽到臺灣藍鵲叫得很大聲，一看原來是榕樹上築了鳥巢，母藍鵲看到有人走近，就大聲地驅趕，以保護幼鳥。我們時時刻刻念佛、念觀音，就好像幼鳥呼叫母鳥一樣，隨時向母鳥尋求保護。觀音菩薩就像保母一樣，他尋聲救苦的廣大願力，只要有眾生祈求救度，都能及時救濟。《普門品》就是教導我們求觀音的法門，所謂大扣大鳴，小扣小鳴，有求才有應。

念觀音，可以為自己求，更可以為眾生求。成為佛弟子，是非常幸運的事，就好像已經坐上了超越生死的慈航，然而在生死苦海中，還有許多人需要救度，求觀音菩薩給予我們慈悲與智慧，能夠幫助更多的人，出離煩惱與生死的苦海。

三、學觀音：救度眾生需要有方法，如果自己沒有方法、工具，也無法營救正在生死苦海中載浮載沉的人。〈四弘誓願〉提到「法門無量誓願學」，為了廣度眾生，要發願學習菩薩道的六度萬行，更應當珍惜人身難得，珍惜佛法難遇；進而根據三寶所指導的戒、定、慧三學，做為原則、觀念和方法，來修行菩薩道，這就是學觀音。

四、做觀音：觀音菩薩有無數的化身和無量的手眼，只要能時時處處觀察、救濟眾生的苦難，以平等的慈悲心與無我智慧心來幫助人，那人人都可成為觀音菩薩的化身，也就在學做觀音了。

以「念觀音、求觀音、學觀音、做觀音」的修學次第互相砥礪，人人存好心、發好願、說好話、做好事的話，一定可以逐漸成長道業，累積我們自利利人的菩薩行資糧，這樣的話，一定可以轉自己、家庭、社會和全世界的好運，讓福慧滿人間。

信心、願心、大行

——觀音法門的實踐

聖嚴師父教導的觀音法門：念觀音、求觀音、學觀音、做觀音的四階段實踐層次很有用，這要從信心的建立與願心的發出來體會與實踐。

念觀音，是建立學佛修行信心的開始。我常分享「三三二二」的念佛方法，有不少菩薩跟我反映，這方法對他們很有用。念觀音，不一定只為求感應而念，當念到心念比較集中的時候，就很容易了解自己是怎樣的人，從提昇、成長自我，體驗到修行對自己是有益的，基礎的信心就這樣建立起來了。

求觀音，當自己有困難的時候，可以向菩薩祈求，但更重要的是為他人而求，這可以從利他的存心、發心開始。

學觀音，則是從利他願心轉為行動上的實踐，可稱為「以願導行」和「以行踐願」。也就是發願以行動來幫助他人。當在幫助他人時，我們還是要感謝對方，因為他人願意讓我們幫助，等於成就了我們修行菩薩道的因緣，所以要感謝對方。凡事都抱持這種心態，為人奉獻服務，就等於是觀世音菩薩的化身。

為何要學觀音？因為今生或是過去世，我們曾經發願要幫助人，所以有因緣奉獻時，就等於是成就往昔的心願。為了奉獻，要不斷地學習，而奉獻過程就是目的。如此，能夠使我們的心，愈來愈清淨，愈與佛菩薩的慈悲、智慧相應。

做觀音的階段，則是「三輪體空」——無施者，無受者，也沒有所施之物或所做之事；也就是無所求、無所得，只是不斷地奉獻、付出。做任何事，都沒有想要得到回報或好處。奉獻而無所得，就像八地以上的菩薩是「無功用行」；以別教而言，初地以上的菩薩，就能夠做到無功用。

菩薩道的完成，是學習佛的福慧雙修、悲智雙運。如果只有慈悲而沒有智慧，所作所為，僅止於成就人天善法與福報。就好像逢年過節時的禮尚往來一般，因為行善利他仍有求好報、有所回饋的執著心在。若能有慈悲又有智慧的話，我們就能夠將功德存在無盡藏銀行當中。因此，菩薩一定是願意盡心盡力幫助眾生，但全然無求於眾生。

當然，成為菩薩也需要有漸次學習的，雖然觀音菩薩的願力無窮，能夠濟助無量眾生；而我們初學的菩薩，《大般涅槃經》稱為「嬰兒行」菩薩，就好像嬰兒學走路一樣，都是從跌跌爬爬開始的，只要不斷地練習，一定能夠站起來。

觀音法門的四種修學次第，涵蓋了信、願、行三資糧。念觀音、求觀音的階段，重於「信心」的建立；學觀音的階段，重於發動「願力」來實踐菩薩道的六度萬行；做觀音則是大菩薩行了，故可稱為「大行」。

從有所求到無所求

——觀音法門的智慧

南朝梁武帝問菩提達摩：「我蓋了那麼多寺院、供養了那麼多出家人，是不是有功德呢？」達摩祖師回他：「並無功德。」從這個公案，或許我們可以這樣問：「有所求」和「無所求」的功德，兩者之間有何差別？

《心經》云：「無智亦無得。」這是深觀般若空慧而達到最高層次的功德，故以「無所求」、「無所得」為功德。不過，修行是有次第的，一下子就講到「無求」、「無得」，大部分的人無法著力。所以，還是要從「有所得」、「有所求」的層次做起，進而理解、體會無我、空的智慧，最後能夠做到「無所求」、「無功德」。

聖嚴師父教導的觀音法門四階次：「念觀音、求觀音、學觀音、做觀音」，其中的「念觀音」、「求觀音」、「學觀音」，屬於「有求」、「有得」的層次。

念觀音：常常念觀音就時時有平安，心安就有平安。念觀音讓我們保平安、增福慧。

求觀音：可為自己求，也可以為他人、為大眾而求。為人求而念觀音，是一個很好的修行法門。當我們都為他人求的時候，每個人也同時得到所有人的祝福，到最後，人人都有功德，這也可說是一種善的循環與擴大。

比如當初我們找法鼓山園區這塊地的時候，也可以說是「有所求」的層次。上千位菩薩們齊聚農禪寺，同心同願持誦〈大悲咒〉，我們不但有所求，而且還有大功德。這裡所謂的功德，就是大眾凝聚共同的虔誠心念，感應了觀世音菩薩大悲願力的照見護持，而成就、圓滿了我們共同找地的因緣。這是為利他而成就有所求的功德。

學觀音：是學觀音菩薩聞聲救苦、千處祈求千處現的精神，為眾生而奉獻，因而時時處處都在學習觀音菩薩的慈悲與智慧，讓自己成為觀音的化身。眾生的所求都是「有」的，故要接受他人的所求，隨時隨地幫助眾生，這是在學習菩薩的大慈悲。同時，我們在修學菩薩道的過程中，也要學著不去執著任何的所得，這要學習菩薩的智慧——觀照五蘊皆空，無智亦無得。

做觀音：當我們持續不斷地修行「學觀音」，任何時候都在「有所為」地照顧眾生，任何時候也都能夠以「無所得的無慧」照見五蘊皆空，那就真正進到「無所求」的層次了。這至少已經是初地以上的菩薩，到了這一層次，我們已經在「做觀音」了。

從「有所求」到「無所求」，需要次第性地學習。我們需要理解：奉獻付出而「無所求」才有最大的功德，但「無所得」並不是沒有功德的意思。所謂沒有功德，是要我們不要去執著有一個功德在那邊，而不是消極性地無所作為，那會變成頑空、斷滅見。因此，沒有功德的意思，是要我們放下一切自我中心的執著，如同聖嚴師父所說的：「一切都有，只是自己沒有。」這「無智亦無得」，就是《金剛經》三輪體空的無相法門。

〈朝山偈〉的修行密碼

法鼓山建設初期，我們辦了多次朝山活動，各地菩薩們都很歡喜參加。朝山，一般是三步一拜，一心一意地朝向信仰中的聖地與聖像禮拜。平常我們是兩腳踏在地上行走；但朝山時，我們是五體投地拜在地上，這是一種信仰的修行，可讓我們謙虛地向大地學習，也是一種大地觀的修行。

聖嚴師父所寫的〈朝山偈〉，不但簡潔、易懂，也非常實用。經過反覆誦讀，我發現其中的結構與修行次第，有助於掌握師父的教法。此偈用字簡鍊，字字句句均是修行法要，若能熟記，相信對朝山一定很有幫助。

朝山禮拜來修行，祈福消災願易成。
口唱耳聽心恭敬，三步一拜向前行。
不論地面平不平，不論白天與晨昏。
不問風雨及寒暑，不問結隊或個人。
口中高聲唱佛號，耳中只聞佛號聲。
身體只管拜起行，心中只觀口耳身。
三業相應真精進，三業精進真清淨。
身心舒暢好感應，業消障除福慧增。

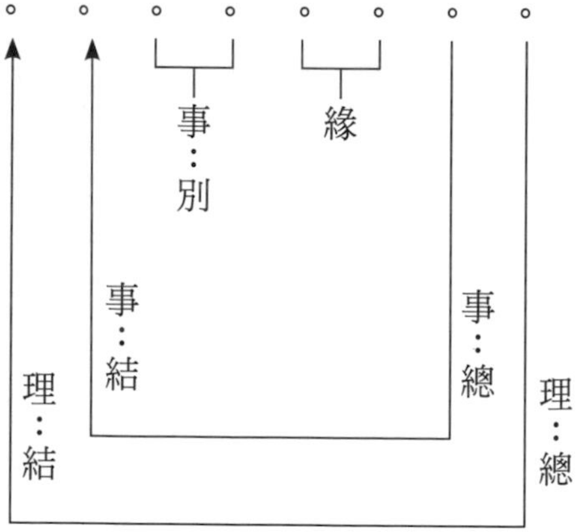

〈朝山偈〉，可分解為理、事、緣的三結構。

第一層，「理」，即是朝山的意義與目的，含有「總、結」二部分。總，是綱領，表示朝山修行的核心意義；結，是朝山的修行成果。這段〈朝山偈〉的綱領，便是置首的第一、二句：「朝山禮拜來修行，祈福消災願易成。」師父直接點出朝山禮拜這門修行，是為祈福消災的心願而來。修行成果則如末尾二句所指：「身心舒暢好感應，業消障除福慧增。」身心舒暢是由於業消障除，故能獲致增福增慧的好感應。

第二層，「事」，指朝山的方法運用，可分為「總、結、別」三部分。總，是主要的方法；別，指各別運用細節。朝山是一門修行法，首先要掌握用「事之總」的工夫要訣，那便是「口唱耳聽心恭敬，三步一拜向前行」。修行就從「口唱、耳聽、心恭敬」的工夫著手，並以三步一拜為一個連續動作，拜下後起身，再繼續三步一拜，每個動作都要做得切實，就能逐漸掌握到「事之結」的「三業相應真精進」，並嘗到「三業精進真清淨」的禪悅法喜。這兩句話很重要，修行的初始是身、口、意相應，身心相應就是精進的狀態，精進的功能與目的，則是使身心清淨。

朝山的「事之別」，是指各個細節動作的用功法，便是「口中高聲唱佛號，耳中只聞佛號聲。身體只管拜起行，心中只觀口耳身」。意思是指口、耳、身、心，全都在用功，每個動作清楚分明且相互協調。不過，還是要放鬆，放鬆才能高聲唱佛號、耳聞佛號聲、身體拜起行，最重要的是心「觀」

口、耳、鼻，因為心的功能最廣、最大。

第三層，「緣」，指朝山的環境因素。「不論地面平不平，不論白天與晨昏。不問風雨及寒暑，不問結隊或個人。」第一句指空間環境，第二句指時間因素，第三句指天候條件，第四句指人數多寡。不論我們到哪裡朝山，都可能遇上這四種環境因素的不同組合，或許路面不平、颳風下雨，或是每次朝山時段不同，這些都不是問題，即使獨自一人，也可以朝山。

第四篇

廣結善緣 好平安

安於事，安於道

聖嚴師父曾經勉勵我們：「上等人安心於道，中等人安心於事，下等人安心於名利。」所謂道心，就是菩提心，然而真正能夠安心於道並不容易，一般人遇到逆境，不但道心不易提起，甚至還可能會忘記。因此，初機學佛不必勉強自己馬上要做到「安心於道」，而從「安心於事」來藉境鍊心、藉事安心，較容易一些。

工作讓心有著力點

藉事鍊心的意思，就是對自己的工作負責，用心把它做好，這是一種敬業的精神。因為敬業，有工作做為專注的對象，那就是安心於事。所以，安心於事是讓我們有可靠的著力點，並可逐漸進入安心於道的層次。

所謂安心於「道」，也需要落實在有形有相的事務上，透過「事」的實踐，容易幫助理解何謂「道」。因此佛法中的四攝法：布施、愛語、利行、同事，都是教我們如何在事相上來落實道心。

提起道心

其實，不但是一般人，就是修行人也會感到很不容易掌握住自己的心念，若能藉由事上鍊心及定課的佛法修持，便比較容易感受、察覺到我們的心念隨時都在生滅不已，而漸漸會生起謙虛心、慚愧心、感恩心。透過不斷地修行，念頭的起滅逐漸和緩、平靜，進一步則可體會到，我們的內心世界是無限地寬廣、無限地深遠，那慈悲心和智慧心便會自然生起，自己的道心也就自然提起來了。

《六祖壇經》說：「若真修道人，不見世間過，若見他人非，自非卻是左。」看到別人有問題、有缺點，事實上是自己有問題、有缺點，如果抱著這個原則，道心就會慢慢出現了。該經也提到：「佛法在世間，不離世間覺。」從事上鍊心，覺察自己的起心動念、調伏內心，並落實於事相上，那就容易利人利己、廣度眾生了。

所謂「理須頓悟，事須漸修」，從藉事鍊心，培養專注力與覺察力，當覺察力愈來愈提昇時，就能體會從「安心於事」到「安心於道」的受用了。

因奉獻，成長最多最快

許多人都聽過，服務、成就眾生是行菩薩道的一種悲願，而事實上，奉獻利他也是成就自我的最佳法門。這是什麼道理呢？

利他，是大乘菩薩道的精神，以奉獻利他為人生最高的價值、最究竟的意義之所在。奉獻過程中，其實成就最多、最快的還是我們自己。當然，只把自己照顧好，也是一種自我成長，不過成長不會那麼多，速度也不會那麼快。

做一個簡單的對比，每個人都有優缺點，當我們與他人互動之中，也可能發現不同的人身上，各有各的優點值得我學習，這會讓我們成長更多、更快；同時也可能會看到他人有待改進的缺點，這可以提醒我們做為借鏡，在這些潛藏的問題現形之前，能夠自己先一步化解、消融。因此，與人互動的奉獻因緣，往往就是幫助自己成長的空間、機會和資糧。

上求佛道，下化眾生

大乘佛法的修行，簡而言之就是「上求下化」，「下化」就是要觀眾生苦，進而發起與樂拔苦的大悲心，而實踐大悲願行時，就已經在「上求」了。如果沒有和眾生互動，而是獨自一人修行，不容易激發「上求下化」的道念。有時候修行滿愉快的，但不與眾生接觸，就不容易看到眾生的苦相，也不易生起向佛菩薩看齊、學習的道心，頂多是自利自了，而修行菩薩道的願力、願行，也就不易提起來。

以眾生為福田

為什麼成佛要經過三大阿僧祇劫如此久遠的時間？原因在於奉獻利他當中，能不斷地累積、成就自己的福德、智慧資糧。《華嚴經》說，生死曠野當中，菩提樹王以眾生為樹根，以大悲水予以饒益；而使眾生汲取營養，成就修行菩提道，最終開花結果，也就是成佛。

要成就度眾生的種種方便，通常必須經由在事上的學習與鍛鍊，如禪宗所云：「理須頓悟，事須漸修。」菩薩多生多劫和眾生在一起，以眾生為福田，而在度眾之中，福德智慧資糧也一天天、一點點地累積起來。所以，透過奉獻利他來成長自己，既可成就慈悲的福田，也能成就智慧，最終能夠成就無上佛道，以利人來利己是最穩當、最划算的修行方式。

大悲心水耕福田

身為農家子弟，對小時候的農村生活記憶特別鮮明。此時回想從耕田到收割，一道又一道的過程，感到與修行佛法的歷程非常類似。

大悲心潤澤心田

一般農家在過冬後，就要準備開始耕田，經過粗耕、細耕，將水田整好。再來是種田，先種秧苗，接著插秧，而水稻不能沒有水，隨時需要灌溉。同樣地，菩薩行者也需要恆以大悲之水來灌溉菩提心田。《華嚴經・普賢行願品》有個比喻：「譬如曠野沙磧之中，有大樹王，若根得水，枝葉華果，悉皆繁茂。生死曠野，菩提樹王，亦復如是。一切眾生而為樹根，諸佛菩薩而為華果。」水如同大悲心，有了水，大樹才能枝繁葉茂；有了大悲心，我們修行才能成長。

然而水太多的話，會不會有問題呢？比如只有慈悲而沒有智慧，會變成「濫慈悲」，往往成事不足，敗事有餘，所以慈悲一定離不開智慧。水稻成長過程中，陽光也同樣重要，除了讓植物行光合作用，還有消毒殺菌的作用。農作物收成之後，須將稻穀曬乾以利保存。陽光的功能，與佛法的智慧是同樣道理，然而，和水一樣，陽光太強也會有問題。陽光太強，不只大地被曬得乾裂，稻禾也會被曬死。水和陽光搭配好，稻子就可以長得很好；就像慈悲和智慧，兩者調和得剛剛好，修行才會有好的成果。

植功德善根，除煩惱惡草

種稻的過程還要施肥，有時用單一肥料，有時將好幾種混在一起，就像做布施一樣。布施的時候需要方便善巧，合乎對方的需要，而我們不去執著布施的功德。施肥之外還要除草，有不少人往往會發心做善事，但不一定認為皈依、受五戒和菩薩戒是要事；如此就像施肥卻不除草，最後可能不是稻苗結稻穗，而是雜草結草籽。這與修行一樣，除了做善事，還要「有所為，有所不為」，好事要做，惡事不為，也就是要「持戒」。修行要植功德的善根，也要除煩惱的草，才能有所收成。

割稻後，將稻穀載回家倒在庭院裡，用風車將稻穗、枯葉與稻米吹分離；如同修行之後可能有些成果和體驗，需要驗證一下哪些是正當的成果，這樣可以清楚哪些體驗有用，哪些需要加以過濾去除。接著，還要將稻穀曬乾以供取用；同樣地，我們修行有所體驗後，進一步要轉化、表現在行為上，來與別人分享。就像聖嚴師父所說的，佛法這麼好，已聽聞佛法、體會佛法，便要隨時隨地拿來用，幫助自己成長，也隨時分享給他人，幫助他人成長。

結善根福德因緣

善根，是指我們從過去世到現在所打下的基礎；然而，為成就佛道，從現在到未來的無量劫，仍要不斷地修行，不斷累積善根福德因緣。佛教的創始者釋迦牟尼佛，也是累積多生多劫的善根，經過三大阿僧祇劫的修行，才終於成佛。我們每個人都有本具佛性，任何人只要透過不斷地修行，最後必定能夠成佛。

相信自己有善根、福報

可以說，我們這一世的善根還不夠深厚，所以生在娑婆世界；但是，我們每個人也都很有福報，因為釋迦牟尼佛在成佛前發了五百大願，願娑婆世界的眾生，都能種善根，轉迷為悟。除了釋迦牟尼佛之外，也要感恩、感謝十方三世都有無量的諸佛菩薩，以及此方的歷代祖師大德，都曾發過無數的願要度我們，所以要相信自己是有善根、有福報的。

種善根的方法

那麼，要如何種善根呢？聖嚴師父曾經比喻，種善根就好比種花，必須用心呵護、時時澆水、施肥、除草，才可能開花；如果不妥善照顧，很可能花還沒開，根已枯萎。所以，善根不僅要種，種了之後還需要用心耕耘、細心栽培。

例如法會時，每位法師及菩薩們都在精進用功誦經、禮懺、拜佛、持咒等，這些當然是在種善根。法會現場，每天從早到晚，都有許多各組的內、外護義工菩薩，以結善緣的心來護持、成就大家精進修行，這是不是也在種善根？當然是。無論是參加法會或做義工，我們隨緣隨分、隨喜護持的每一分發心，都是在和三寶結緣、和大眾結緣，這就是在結善根福德因緣。

真正有福報的人，是能修學佛法的人。聖嚴師父說：「享福的人不是真正有福的人，廣種福田、歡喜培福的人，才是真正有福報的人。」培福，就如同把今生的福報種在田裡，悉心灌溉，就可培育出未來更多的福報。

菩薩以眾生為福田，如果能把所有十方一切眾生，都當成是培福的對象，不斷地以廣結善緣來成就他人，就能讓我們在奉獻利他的過程中，一分一分減少自我中心的執著，讓智慧與福報一起增長，那才是真正有大福報的人，最後將和佛一樣，成就圓滿的福德智慧。

常樂我淨來培福

佛法所說的苦、空、無常、無我，是為了讓我們獲得智慧，解脫煩惱。大乘佛法則重視以智慧為方法，而達到慈悲的目的，因而強調「常、樂、我、淨」，即所謂的「涅槃四德」。這雖是佛的不可思議境界，對一般人仍然很有用。

常隨佛學，行善最樂

什麼是「常」？《華嚴經．普賢行願品》說「常隨佛學」，勉勵我們的心常與諸佛菩薩在一起，學習佛的慈悲與智慧，讚歎佛菩薩無時無刻不在莊嚴佛國淨土，成熟眾生，而我們現在在人間，也要在人間建設淨土。聖嚴師父說，只要我們相信有佛菩薩，心中有佛法，佛菩薩就在我們的面前，就在我們的身邊。如何常隨佛學呢？只要時時以無我的智慧心看人，人人都是佛菩薩的化身；只要處處以平等的慈悲心待人，自己就是佛菩薩的化身。

「樂」的意思，就是心中有善，而且能夠幫助別人，這是最快樂的，也就是「布施的人有福，行善的人快樂」。幫助人需有善巧，也可寓教於樂。過去我們常說佛法能夠「拔苦與樂」，現在我們要強調「與樂拔苦」，先以慈悲心和四攝法來給予他人平安喜樂，而他人因為接觸了我們，心中也有了佛法，他就能夠用佛法來消除自己種種的煩惱痛苦，而也會樂於將佛法再分享出去，讓更多的人得到佛法的受用。

放下我執，淨化人間

「我」的意思，就是「沒有人做的事，我來吧！」煩惱來自於對自我中心執著，佛法的修學就是要將自我無限地縮小，慈悲心無限地放大，這是大乘佛法的特色，以慈悲心為眾生服務來修福德，放下我執而得解脫自在。

「淨」的意思，如同〈觀音菩薩偈〉所云「清淨莊嚴累劫修」，佛菩薩的形相都是清淨的、莊嚴的，能讓眾生起敬仰心、歡喜心。用清淨的身心、莊嚴的舉止待人接物，能讓人感到溫暖，也能感動他人，透過學習佛菩薩清淨莊嚴佛土的精神，我們可以隨喜、隨力淨化人間。

福報是從慈悲心而來。用慈悲心來利他，就是培福，而在利他過程中，也要能增長智慧。當自我中心的執著一分一分減少，智慧就一分一分地開啟，便有更廣大的慈悲心來幫助他人。

農禪身教

聖嚴師父卸下第一任方丈後，要求自己日常生活盡量跟僧團大眾一樣，比如之前是穿咖啡色長衫，其後就穿跟僧眾一樣的灰白色。記得二〇〇七年，我已辭掉在臺中的教職工作，回到法鼓山總本山擔任副住持及法鼓佛教學院學士班主任的一職。因此，除了教學行政外，生活也跟大家在一起。二〇〇八年底，有一次早齋時的景象，到現在還是印象非常鮮明。

當時的方丈，即現在的退居方丈果東法師坐於五觀堂的正前方，師父則跟大眾一樣，坐於齋堂第一排的第一桌，早齋後仍然為大眾開示。師父說自己幾乎每一天都要跟侍者報告：「今天沒有『白吃飯』。」勉勵僧眾每天對自己的身分、執事要盡責、盡分。養病中的師父仍然親自示範，教誨大家百丈農禪家風的精神：「一日不作，一日不食。」

被僧團選為方丈，我發願：「一定要盡責、盡分、盡力把方丈的工作做好。」

擔任方丈初期，到地區關懷，有菩薩問我：「接任方丈前後，有何不同？」我說比較明顯的差異，便是身上多了一串一百零八顆的掛珠，並有僧團安排方丈辦公室祕書及侍者法師，協助我處理日常行政庶務，成為每天的共事同伴。其實，僧團每一位常住法師，各有各的執事，都在分工合作、同心協力的共事氛圍中，共同完成每天弘法利生的工作。

做一日和尚，撞一日鐘

擔任方丈，也讓我經歷生平許多的「第一次」，雖然一開始缺少經驗，不免緊張，所幸尚能調適。我的調適方法很簡單，就是「做一日和尚，撞一日鐘」。如同東初師公老和尚期勉聖嚴師父的話一樣：「當好自己個人的家，便能當一個寺院的家。」我明白要先把自己照顧好，才能夠照顧好僧團及大眾，事實上是讓整個團體群策群力，共同弘法利生。

我調適的原則，大致有三個層次：首要是「把本分事照顧好」。盡可能每天隨眾上殿、過堂，同時保持每日晨坐及晚間拜佛兩堂功課，使日常生活規律化，是我最基本的調適方法。其次，方丈有照顧大眾的當然之責，在種種人事應對進退中，我隨時提醒和修正自己，回到初發心，並練習隨時「把心照顧好」。再者，方丈法務雖較繁重，但什麼時候該做什麼事就做什麼事，以「現在觀」處處「把當下照顧好」，那就不會有太多煩惱。這也正是聖嚴師父教導的，把自己照顧好，才能做更多奉獻。

珍惜一期一會

在日本留學期間，常聽到日本的老師、同學提到「一期一會」的用詞，意思是珍惜每一次當下的因緣。事實上，生活中的每分每秒、每一剎那，每一次的人際互動，也都是一期一會，每次的當下都是最新鮮、最美好的體驗。而我獲得最多的，則是與大眾一起成長。過去我曾擔任僧團副住持，輔佐方丈和尚推動法務，但主要執事仍在大學院教育範疇，包括行政、教學、研究、服務等。儘管作息仍緊湊，生活步調卻也比較穩定，又因從事學術研究也需要專心投入，與大眾接觸的機會相形較少。如今僧團及教團賦予任務，使我有更多機會學習與大眾互動，所以我非常珍惜這得之不易的機會。

就個人成長而言，無論打坐、誦經、念佛等功課，可以在與僧眾的日常共同的生活作息中完成，但若論及護法、弘法，則需憑藉各方面的助緣，才得以實現。

從表面看，方丈要做的事還真不少，其實這許多的事，並非我一人完成，而是大家同心協力，為了團體成長所展現的共同創作。因此，每天上殿、過堂、做早晚課，出席各種行程，我都是抱持感恩心，由衷珍惜大眾所交付的這份執事、任務；我也發願隨時隨地學習如何做得更好，對僧眾及信眾多一些關懷，這應當是方丈最重要的任務吧！

為奉獻而學習

小時候常聽到一句話：「臺灣是美麗的寶島。」最近則聽到曾在臺灣待過的外籍人士說，臺灣最美麗的是「人」；也有人說，義工善行是臺灣最美麗的風景。當我們參與為人奉獻服務的工作時，可以如何充實人生的價值？而擔任義工工作，是多方面結緣學習呢？還是一門深入、精益求精呢？

有的人時間、體力、能力許可，能夠做很多不同面向的義工項目；有的人希望專做一項，這當然也很好。然而有些義工的工作，並不需要特定的專業或技術，如果現場剛好缺人手，自己的工作也正好暫告一段落，體力、時間也尚有餘裕的話，就可以發心多做一些服務。

忙中取閒

聖嚴師父勉勵我們：「忙人時間最多。」如果所擔任的義工工作提早完成，或者暫時沒有其他任務，有了一段空檔，此時正可讓我們體驗忙中取靜、忙中取閒，做好零碎時間的管理。以我自己為例：早課結束，方丈和尚是第一個下殿的，到了齋堂，會有一、兩分鐘時間等待僧眾到齊。我經常利用這一點時間，在心中複習、默背《六祖壇經》的〈無相頌〉，這讓我受益匪淺。

為了要奉獻，不會就學

做義工，能夠專精做一門也很好。我們行菩薩道，是為了利益眾生，眾生有不同面向的需求，因此為了利他，凡大眾有需要的，就去學習。聖嚴師父經常勉勵大眾：「我就是不斷地學習，為了『奉獻』不斷地學習。」

無論是多面向的服務，或者是單一面向的奉獻，均應避免蜻蜓點水式的應付，無論做多做少都能用心做好，就像聖嚴師父在〈四眾佛子共勉語〉所說：「盡心盡力第一，不爭你我多少。」因此，最重要的原則是抱持一顆樂於助人的慈悲心，以敬業的精神提昇工作品質；如果行有餘力，再去開發其他面向的工作。

和樂無諍有幸福

「二〇二〇」年，英語發音接近「團體、團體」，祝福我們的社會，無論大、小團體，都能以和為貴，使家庭和樂，社會和諧，人間和善，世界和平。

和樂無諍

雖然大家都有「以和為貴」的認知，但人和人之間，還是常常發生不和，究其原因，通常是希望別人來配合我，或是要求團體跟「我」和。實際上，人和、眾和，一定是從自己做起，以真誠、傾聽和同理心，主動配合、協助他人，這樣的話，一定能達到團體與社會的和樂無諍。

今年（二〇二〇年）也是鼠年，做為佛弟子，我們都是「屬」於菩薩道行者，應當常常「數」一數自己實踐了多少慈悲、智慧，也應天天「數」看看自己是否做了利人利己的功課。此外，宋朝的大慧宗杲禪師曾有「老鼠入牛角」的語錄，逼勵修行者放下依賴心，毫無退路地來發現自心的本來面目。因此，鼠年很好，可激勵、鼓勵三寶弟子，三寶弟子須發菩提心，行菩薩道，為廣度眾生，鍥而不捨地修學佛法。

廣種福田

法鼓山今年關懷我們社會的年度主題是「培福有福」，邀請大眾「廣結善緣，大家來培福；感恩知足，人人有幸福」。如何培福？可用「四福」來實踐。知福，是知足常樂，安貧樂道；惜福，是飲水思源，珍惜擁有；培福、種福，是以一切眾生為福田，為了奉獻，而不斷學習利益眾生的方法。

培福、種福，可從日常生活中做起。記得聖嚴師父曾勉勵我要常常微笑，並且教我經常憶念祈願觀音菩薩那樣的悲憫慈容。從此，我便隨身攜帶祈願觀音的祝福卡和一面小鏡子，有空就練習，漸漸地，好像笑得愈來愈自然了。

廣度眾生，是隨時與人分享佛法的好，這不一定需要用高深的佛法義理，如果能以「忙得快樂，累得歡喜」來廣種福田，以「身心常放鬆，逢人面帶笑」，主動與人和，時時主動配合他人，相信二〇二〇年，必定是大家都能共同成長的一年。

以團體來成長個人

法鼓山以「提昇人的品質，建設人間淨土」為理念，著力點就是以關懷他人來成長自己的人格、品德及道德。在家菩薩特別適合修習菩薩道，因為平日所接觸的人、事、物比較廣。有時似乎在複雜的社會環境中並不容易實踐菩薩行，而時有順境、時有困境，都是正常的。因此，菩薩為了感動他人，需要先用佛法來感化自己，那就必須先發大菩提心，學習菩薩道的身儀、口儀、心儀。

成就團體，成長自己

修學佛法的三個基本條目是戒、定、慧，又以戒為基礎。戒，對自己要少欲知足，這就是以「四要」做為自省自處的精髓。大乘菩薩戒則更進一步，要以感恩、報恩來積極利他，以「四感」做為處世待人的修養工夫。

面對困境的安心法，則是「四它」：面對、接受、處理與放下。其實只要勇於面對、接受，問題便容易處理。處理的前提是先釐清哪些是我能夠處理，哪些是目前能力、時間和資源還沒辦法處理的，此時可集中於能夠處理的部分，盡心盡力就是最好；處理之後，心中不再牽掛，那就是放下。

其實順境、逆境，都是一種主觀的認知，是自己給自己貼上的標籤，只要心態改變，以「四要」來衡量自己，以「四感」來對待他人，以「四它」來因應困境，就能夠在成就他人的同時，也不斷成長自己。

菩薩道的修行，重視將個人融入團體，以團體的成長來成長個人，因此我們強調修行要在團體中共修。釋迦牟尼佛時代也是如此，目犍連尊者因母親過世後墮入三惡道，請教佛陀如何救度母親。佛陀告訴他，你要供養眾僧，因為僧團具有清淨、和合的修持功德，也就是團體與個人相互增上，而產生不可思議的度化力量。

佛法在眾生中求

大家參與法鼓山，目的是為了自利利他，共同改善我們的大環境，我們重視在團體互相學習、互相成長的力量，來幫助個人的學習與成長。有一些初加入勸募體系的菩薩，對法鼓山理念或是對佛法的要義，不一定能夠很快就有深刻的體認，但是由於團體的和合、互助互勉的氣氛，就可以影響、接引其他的人願意跟著團體一起成長。

佛法在眾生中求，菩薩以眾生為福田。現代社會太需要佛法，勸請大家能夠把日常生活中所接觸到的每個人都當成是菩薩的化身，不管遇到任何人，都當成是菩薩化身來度我們，是要使我們學習得更有慈悲、更有智慧。因發心、發願助人，能夠使自己成長得更多、更快。

融入大眾做義工

儘管已發心奉獻，但有些人習慣獨來獨往，就連做義工也希望獨力完成任務，不想參與人際互動的事物。這種情況，可能不少團體裡面都會有。

喜歡自己一人默默地工作，像獨行俠那樣，有任務就來值勤，工作做完便瀟灑離開，過程中不大需要與人配合。這樣看來，工作單純許多，好像更有效率。以這種想法做義工，當然也可以提供某方面的貢獻，但心態上仍存有調整的空間。

和眾共濟度眾生

其實做義工的本意，除了奉獻，也是學習。尤其在道場，大家都是同行菩薩道的同學道侶，菩薩道就是要廣度眾生，也是在眾生當中成就自己，如果總是一個人默默工作，不與人互動，我們所能度的眾生就非常有限。

有人說，獨來獨往，實是情非得已，只因自己個性內向，寡言沉靜，不善與人交際罷了。其實所謂的個性，是成長過程累積的一種行為趨向，有的受家庭因素影響，有的因職場或環境氛圍而養成。例如有些人在職場表現非常專業，可以獨力完成上級交辦的任務，但通常多少仍需與同事橫向聯繫。而在道場做義工，能夠獨力完成工作也很好，卻不必堅持只做一人任務，更不要認定是個性使然。

佛法講因緣法，一切現象皆可改變，個人的性情、性格當然也可以轉化。以自己為例，其實我應該也算是內向的人，並不善與人交往，但現在擔任方丈，須與許多人互動，所以我也盡量敞開心胸，多多向他人學習。也就是說，職務、責任上需求什麼就要盡量去學，學習是為了要奉獻；特別是人際互動，屬菩薩道四攝法——「布施、愛語、利行、同事」之內容，發心做菩薩，當然一定要學習。

義工是萬行菩薩

大乘佛法的修行就是要發菩提心、行菩薩道，做義工一定要先建立這個觀念。所謂義工就是萬行菩薩，萬行是菩薩的六度萬行，所以要學習的非常多。因此，要從觀念調整，並跨出與人互動的第一步行動，那所謂的性情、性格也可以漸漸轉變。即使不善言辭也沒有關係，只要抱持一顆真誠、懇切的心，便能與人保持良好互動，不拘泥自己只能做獨力完成的事，而必能融入大眾做義工。

菩薩瓔珞，心地莊嚴

曾有菩薩問我：「為什麼做出坡的義工工作，也要穿制服呢？」擔任出坡工作，比如從事打掃、搬運、清潔等勞動任務時，穿平常便服，豈不是更有利於肢體活動，也不必擔心把制服給弄髒汙了。

這是滿有意思的問題。以法鼓山團體為例，如果是第一次當義工，或是臨時發心做義工，我們還是可以接受穿便服做義工；但若是長期來做義工，還是建議換上統一的制服比較好。

心地莊嚴

相信曾經參加法鼓山大悲心水陸法會的菩薩，都感受到法會有一種殊勝莊嚴的攝受氛圍，這除了場地的莊嚴布置之外，參加法會僧眾或信眾菩薩們的衣著整齊莊嚴也很重要。參加過總壇的菩薩大都看過，大殿門內上方，懸掛著一幅聖嚴師父親撰的「心地莊嚴」墨寶。

俗語說：「佛要金裝，人要衣裝。」日本是大乘佛教盛行的國家，日本文化的特徵之一，便是在日常生活中重視穿著禮儀。之前在日本留學多年，至今記憶猶新的景象之一是，從計程車司機、公車司機，乃至地鐵、新幹線的職員們，不但上班時正裝筆挺，還會戴著他們專有的帽子，這也是一種敬業精神的展現。

在臺灣，一般較具規模的團體或企業，也會要求所屬成員出勤時身著統一的制服，即使為道場或公益團體做義工，主辦單位通常也會提供特定的服裝給大家。

制服是義工的菩薩瓔珞

在法鼓山園區的開山紀念館裡面，有一處展區，仿造了聖嚴師父年輕時自修的關房，名為「瓔珞關房」。瓔珞，原指希珍的寶玉，我們常見到大乘菩薩的造像上，如觀世音、文殊及大勢至等諸大菩薩皆身戴瓔珞等穿著，代表大乘菩薩時時處處以外顯之身相展現其身心清淨，以無量的慈悲光、智慧光之功德，來莊嚴自己、攝受眾生之意。

擔任義工時，穿著整齊一致的制服，就如我們身上的瓔珞，用來莊嚴個人的身心與周遭的環境。另一方面，制服也象徵一種團體的道風或整體精神。在出坡時，透過整潔、莊嚴的統一穿著，可讓人感受到我們是訓練有素的團隊，衣著整齊、服務周到、態度親切，而讓他人心生敬慕、嚮往。另一方面，穿著也提醒自己正在修行菩薩道，展現菩薩儀態的一部分；義工的穿著，正代表我們所做的，都是為了服務奉獻，也是一種敬業精神的表現。

穿制服，看起來好像是生活的細節，不是什麼要緊的事，事實上代表身、口、意三儀表現於外的象徵。做義工，穿著整齊、莊嚴、潔淨的制服，從服裝儀容上，代表我們團體的道風、品質，更讓我們在無形中，發揮攝化眾生的教育功能。

安己和眾六字訣

二〇二二年元月份的專職菩薩精神講話中，我分享了「安己和眾六字訣」——「輕、鬆，慢、細，小、分」，大家都感到很受用。

輕、鬆

安己：清楚放鬆；時時身心放鬆則平安自在、少煩少惱。
和眾：不輕人也不自輕；看待人人都是現在菩薩、未來佛。

慢、細

安己：慢就是快，能慢才能快；慢工出細活，細水則長流。

和眾：細心廣納眾議，和眾共濟；細心體驗無常，無我無私。

小、分

安己：小處著手，大處著眼；守分盡責，分享佛法。

和眾：縮小自我，寬宏大量；分工合作，眾志成城。

比如做義工，雖然是一種自願、自動、自發的義務工作，大家也都希望能把負責的工作做好，在奉獻之中讓自己獲得成長。怎樣能夠把工作做到最好？是否有一些原則、要領呢？

首先，要把握「輕、鬆」的要領。發心做義工，希望對他人或團體有所貢獻，相對地，對自己也會有所要求，雖然如此發心，但我們仍然可以輕鬆愉快地將工作做好。有不少菩薩都來法鼓山學過禪修，禪修的基本原則是：身心隨時保持清楚、放鬆。每天的工作、生活，也都是修行的一部分。另一方面身心要放鬆，做人則要尊重。如同聖嚴師父勉勵大家：「義工是沒有等級的，大家都是菩薩行者。」古德也云：「外慕諸聖，內重己靈。」亦即不小看自己，也不輕視他人，看待人人都是現在的菩薩，未來的佛。

其次，要能夠「慢、細」。俗語說：「呷緊弄破碗。」認為自己成長有點慢，恨鐵不成鋼，恨自己不成材，常常求快、求好，反而不易與修行相應。誠如師父所說：「盡心盡力第一，不爭你我多少。」我們不跟自己比較，也不必跟別人比較。比如看到其他的人一下子就把工作做得很好，而懊惱自己為什麼無法像他人一樣，這就是一種比較心；一旦有比較心，我們就會產生種種不必要的困擾。

所謂「慢工出細活」，任何事情的成功、成就，付出耐心、恆心是滿要緊的。慢工，指的是我們的心要慢，不求快、不要急。一味講求快，品質反而難以到位，可能還要花更多的時間，要重複做好幾次，倒不如慢一點，耐心地做，只要一次就可以把事情做好。這就是「慢就是快，能慢才能快」的道理。如何能夠做得到？其實就是把握禪修「現在觀」的原則：「身在哪裡，心在那裡。」

此外，領導大眾時，要細心廣納眾議，在「和樂同生活，尊敬相對待」之中，成己、成人、成事，這是最快樂的事。如果在每天的工作、生活中，進一步去細心觀察無常、體驗無常，則容易生起平等無私的愛心，來看待、處理一切的人、事、物。

再則是「小、分」。二〇二二年法鼓山的年度主題是「大菩提心」，這是為眾人奉獻服務的大目標、大方向，即所謂的「大處著眼」；如果再配合「小處著手」，從自己、從近處來下手，那就非常理想了。又，縮小自我，比如面對自己不足之處，虛心地向他人請教、學習。在相互共事之中，彼此分享心得、互相砥礪；而守分盡責、完成任務，目的則是為了要分享佛法。特別在規模較大的組織、團體中，將大、小事務做分層負責、分工合作是滿重要的。

在眾生之中利人利己、廣度眾生，叫菩薩道，大家都是學佛的菩薩道侶，在菩薩道上，彼此攜手並進，自利利他。如此的話，義工工作即可讓我們時時刻刻都體驗到成長的法喜。

充分溝通，和樂共事

發心到任何公益團體做義工，都是令人讚歎的事。但有時候大家來自十方，社會背景、生活歷練和專業認知各有不同，對於要共同合作完成的事，常有見仁見智的看法。當擔任帶領大家的悅眾菩薩，遇到這種情況時，抱持尊重的態度，讓成員充分表達意見，進而達成共識，則成人、成事並非難事。

佛弟子每天早晚誦念〈三皈依〉，第三條是：「自皈依僧，當願眾生，統理大眾，一切無礙。」佛陀也說：「我在僧中，我不領眾。」任何大小團體能夠運用這種「和樂同生活，尊敬相對待」鼓勵人人自動自發精神的話，大家一定可以在愉快共事的氛圍中，共同解決問題，進而圓滿達成任務。

檢討自己，接納他人

聖嚴師父也在「行事六要領」中提到：「堅守原則、充分授權、尊重他人、關懷對方、主動溝通、隨時檢討。」其中的「檢討」指的是檢討自己，而不是檢討別人。擔任悅眾菩薩，若能把握這樣的行事原則，一定能順利帶領團隊溝通協調、順暢運作。

廣納眾議，可以和人成事，讓不同意見充分表達，不但能讓共同的目標愈來愈清晰，透過不同想法的溝通與交流，所凝聚的共識，由於融會了大眾的想法，大家的認同度更高，因此同隊組的成員也會展現共同的意願來成就團體。這也是俗語所說「三個臭皮匠，勝過一個諸葛亮」的道理。

從另一個角度來講，任何人在做事當中，難免都會看不到自己的盲點，即所謂的「當局者迷，旁觀者清」，此時若有其他人從不同角度或觀點，提出見解或認識來幫助團體，那便能成就團隊工作的品質，將共同的事情考慮得更周延，而能做得更好。

融入團隊，護持共識

一般團隊做決策時，也常會用民主的方式，採取多數決。不過，有些人的意見可能非常超前，但因現實的條件還無法做到，例如人力、條件、目標等因緣不足而無法採納，對此仍要給予肯定，供做未來的參考方案。至於提了意見而未被採行的當事人也不必氣餒，應隨喜護持大家所達成的共識與結論。

大家都是好心來奉獻，如果能在共事中和樂相處，開心地共同成長，那真是很幸福的事。在團隊合作中，能有共同的目標，並且經過群策群力的溝通、協調來運作，一定能把事情做得更好、更完善。

散發佛法香氣

曾有義工反映，每回上法鼓山做義工，感覺彷彿來到人間淨土，可是下山後，整個人卻像從淨土抽離，煩惱又回到了身上。難道清淨心只能在山上體驗到嗎？

比如森林裡常會散發一種對人體有益的芬多精，走在林間，散步也好、經行也好，可吸收到林木散發的芬多精，使我們的精神為之一振。然而，穿越林間後，芬多精的香氣會逐漸消散，這是很正常的。

香光莊嚴

最好的方法，是讓自己成為散發香氣的人。《楞嚴經．大勢至菩薩念佛圓通章》云：「如染香人身有香氣，此則名為香光莊嚴。」所謂染香人，意指修行的人，每天的生活都在熏染佛法的香氣之中，當沾香、染香、熏香久了之後，自己也能夠散發香氣。大家來法鼓山道場做義工，不論半天、一天，都在熏染佛法的香，每位身上都有香氣，下山之後也能夠散發人間淨土的香氣。

如何「染香」？一類是由自而他，一類是由他而自。由自而他的染香法，是每天保持修持的定課，以佛的法香、智慧香、戒定真香，染自己的心。當我們以恆課鍊心，必有所受用，而由受用所散發出影響人的力量，必能展現出來，且延續的效用更長久。

另外一種是由他而自的染香法，是從照顧人、關懷人來帶動自己的成長。比如諸位下山後，應當是與家人接觸的機會最高，以自己的家人為服務奉獻的對象，就像在山上一樣，以平等的慈悲心把家人照顧好，此時，家裡也就成為一方的人間淨土了。

人間淨土的染香人

做一個「染香」的人，隨時散發佛法的香氣，抱持平等的慈悲心做家事，與在山上出坡是一樣地歡喜，對待家人和在山上接待訪客是同等地用心。用「香光莊嚴」這個法門來熏陶自己，就不會覺得山上、山下有所差別，而能夠感受到處處都是人間淨土的受用了。

菩薩的百寶箱

赤腳上小學的年代，鄉下的婦女們少有機會去三、四公里外的鎮上大街購物。記得有一天，看到有人挑著兩個滿漂亮的八卦型大木箱盒，裡面裝著種種的縫紉及婦用什物等，到我家的庭院來向媽媽兜售，這是我小時候第一次看到的「百寶箱」。

現在知道：菩薩也有「百寶箱」。

一般人，只要學到一種專業，便能夠立足於社會。而菩薩為廣結善緣，只要有利於他人的一切法門都要學習，也因此能夠鍛鍊出多種，乃至百百種的能力，這如同隨身攜帶「百寶箱」，隨時視對方需要，給予相應的幫助。

行菩薩道是發心以利他來利己，如何利他？比如我們的言行舉止，使對方覺得親切、善意、溫暖；或是我們付出耐心、愛心，以慈悲心待人，讓他人感受到有人平安、快樂、幸福，這就是行菩薩道。

菩薩道的法門是六度四攝一切行。其中的四攝法——布施、愛語、利行、同事，是從慈悲心而開展的行動，而為成就他人的大方便。

布施：以做義工為例，便是奉獻自己的時間、體力、心力及智慧，凡是有益於他人之事，都可以做到財施、法施甚至無畏施。

愛語：是以鼓勵語、關懷語、誠懇語、慰勉語等，對待與我們接觸的所有人——無論家人、朋友、職場同仁，或是在網路互動的對象都是。在無遠弗屆的網路社會中，言語與文字的影響力往往非常直接而快速。聖嚴師父勸勉大家：「話到口邊想一想，講話之前慢半拍。」即提醒我們謹言慎語的重要。開口前，先在心中過濾一下言詞，想想這樣的話說出來，是否對人有益？

利行：是幫助他人、有利於他人的行為。這樣的利行，是幫助他人成長，同時也在幫助自己成長。

同事：即待人如己。佛教經典常提到，佛與菩薩為了要救濟眾生，常變現為千百億化身。有時化身為小菩薩、有時化身為老菩薩，還可能化身為身心不自在的菩薩等，如《大般涅槃經》說有「病行」的菩薩；便是以眾生可接納的身分或形相融入人群，而容易去接觸他們，進而影響他們也成為菩薩行者。無論對待任何人，都要想到對方也是以菩薩的化身來度我，來成就我修福修慧；能夠如此想，每天的生活必能充滿平安、法喜。

以平等心廣結善緣

在日本留學期間，有一天在東京日蓮宗總本山的池上本門寺附近，看到一間傳統的糕點禮品店，只是很小的店面，相信店家的營收應該是很有限的，但門口標誌著是世代經營的悠久老店。我為他們這種代代相傳的敬業、服務精神而感動。

更深一層思考，人生也是一樣，無論擔任何種職務，尊重這份工作的責任與義務，用敬業的精神把當下所負責的事情做好，就是一種成就。聖嚴師父說過：「人生的價值是在盡心盡力地奉獻。」在奉獻、任事的過程中，不必定一帆風順，可能也會遭遇到困難、挫折或挑戰，如果能夠堅持初發心，努力不懈，不去計較物質或金錢的回報，努力的過程，就是一種回報。

鴨子游路

聖嚴師父也常說：「大鴨游大路，小鴨游小路，不游就沒有路。」只要這條路是對人有益、對社會有貢獻，都是好路。其他無論職務的高低、受矚目與否、是否能賺很多錢、能夠服務多少人，都在其次。若能確立如此利人利己的大方向與價值觀，自己也覺得有興趣、很滿足，就值得投入。

以擔任義工工作為例，有人負責接待，有人負責後勤，有的組別是室內的文書，有的組別是戶外的出坡勞務；可以說，每一人、每一組的任務雖然不盡相同，但都很重要，同樣都是為大眾服務。

又比如大寮（廚房）的備餐很辛苦、廁所的整潔需要經常維護，這些工作，可能其他人看不到，也不必在意。從佛法的因果、因緣觀看，奉獻的本身就是一種成就，但我們要感謝社會上許許多多的義工菩薩，每天在默默地付出，為大家做無私地奉獻。

學習佛的心量

師父曾勉勵僧眾：「責任有輕重，職務無尊卑。」這也適用於任何職場的工作人士。發心為眾人服務，做任何一件事，它的價值都是獨一無二的，沒有所謂的高低之別，這就是佛法的平等觀。佛看一切眾生都是佛、都有佛性；眾生與佛平等，這是佛的心量。如果我們也能學習這樣的心量，以平等觀尊重一切有情，就會發現萬事萬物都在放光說法，時時刻刻都給予我們學習、成長的機會。

在人生的道路上，盡形壽、獻生命，盡可能幫助與我們接觸到的任何人，利他自利，自利利他，彼此互為因緣，相互成長。一個人在一生之中，能夠直接接觸到而有所互動的人，都是非常有限的。讓我們珍惜任何與他人互動的因緣，隨時隨地發好願、說好話、做好事；以成就他人來成長自己，這是最幸福的事。

琉璃文學 42

平安最幸福

Inner Peace Leads to a Blissful Life

著者	釋果暉
出版	法鼓文化
總監	釋果賢
總編輯	陳重光
編輯	胡麗桂、林蒨蓉
封面設計	化外設計
內頁美編	小工
地址	臺北市北投區公館路186號5樓
電話	(02)2893-4646
傳真	(02)2896-0731
網址	http://www.ddc.com.tw
E-mail	market@ddc.com.tw
讀者服務專線	(02)2896-1600
初版一刷	2022年6月
初版九刷	2024年7月
建議售價	新臺幣280元
郵撥帳號	50013371
戶名	財團法人法鼓山文教基金會—法鼓文化
北美經銷處	紐約東初禪寺 Chan Meditation Center (New York, USA) Tel: (718)592-6593 E-mail: chancenter@gmail.com

法鼓文化

國家圖書館出版品預行編目資料

平安最幸福 / 釋果暉著. -- 初版. -- 臺北市 :
法鼓文化, 2022.06
面； 公分
ISBN 978-957-598-955-2 (平裝)

1. CST: 禪宗 2. CST: 佛教修持

226.6 111004249